楽天証券社長と
行動ファイナンスの教授が

「間違いない資産づくり」を真剣に考えた

日経BP

はじめに

家計の安寧を意味する、「ファイナンシャル・ウェルビーイング」が危うくなっています。老後に備え、いつまで働けばよいかと不安な方も多いと思います。

日本の平均寿命は、概《おおむ》ね男性81歳、女性87歳（厚生労働省簡易生命表2023）。2025年、改正高齢者雇用安定法の経過措置が終わり、4月からは希望者の65歳までの継続雇用制度が義務化されます。

一方で、「45歳定年説」など、終身雇用の慣行は後退して雇用の流動性を高める議論が流行し、近年はそれらに加え、物価高に賃金の上昇が追いつかない現象（実質賃金の低下）も加わり、不安はこれからも大きくなるばかりに思えます。

本書はそんな時代を生きる、あなたへの処方箋です。学術的な論拠に解を求めながらも机上の空論ではなく、顧客の資産形成のサポート経験において日本を代表する存在である経営者とのコラボレーションにより、類書にはないユニークな処方箋となりました。

本書ではまず、「家計の安心」が一部の高所得者だけでなく、あなたに身近な存在であることを、様々なデータから明らかにします。そして学術、実務両面からの、資産形成に悩む、ほぼすべての人への「最適解」を提供します。

さらに、「最適解」が持続可能なものとなるように、あなたの道を誤らせない役割の「誘導員」として、ウェブと連動した読者特典「パニック売り傾向チェック」も付けました。

途中で挟まれる、個人投資家インタビューは、あなたの歩みが一人ではないことを知らせる「となりのランナー」もしくは「ペースメーカー」の役割を担います。

資産形成を試みるほとんどの人の歩みに、本書は「伴走者」の役割を果たすでしょう。

さらには、あなたのより良い「伴走者」となるべく、私たち著者があくなき挑戦を続けている様子も終章に収録しています。

ここまで読んで「早く読み始めたい」と思われた方はこの後を読み飛ばして「1章」へと飛んでください。

本書は楽天証券株式会社　代表取締役の楠雄治社長と研究者である私の共著です。

◇

研究者、特に経済学者にとって、金融機関と一緒に研究活動を行うことは全く珍しいことではありません。私自身もこれまで数多くの研究を金融機関と共に行ってきました。

一方で、両者が一緒に本を出すのは、それなりに珍しいことだと思います。

そこで、本書ができた経緯について少し触れておきます。

私は経済学者として、長年「ウェルビーイング」の研究に携わってきました。ピッタリ合う言葉がないので敢えて「ウェルビーイング」と記しますが、平たく言うと私は人々の安寧に資するものに興味があります。関連するものを片っ端から研究対象にしてきました。

まず思いついたのは「健康」です。この視座により、私は「介護」分野を皮切りに経済学者としてのキャリアをスタートさせ、「医療」、「健康習慣」、「健康経営」、「孤独」、「コロナ禍対応」等、対象を次々に拡大させていきました。

特定のゴールを目指して歩みを進めたわけではありません。関心の赴くまま、目の前のことに一日一日全力で取り組むことを繰り返してきました。

ある時、私は自身の研究業績リストが「金融リテラシー」や「ファイナンシャル・ウェルビーイング」に該当する単語で埋め尽くされてきたことに気付きました。

人々の「ウェルビーイング」を追いかけるうち、私の研究領域が「健康」から「ファイナンシャル・ウェルビーイング」の方向へ大きく広がっていったのです。

気が付くと、私はエルゼビア社[1]の世界最大規模の研究力分析ツール「サイバル」でも「ファイナンシャル・ウェルビーイング」分野の研究者として、論文数や論文の被引用数で世界上位にランクインしていました。[2]

広島大学の私の研究室（広大角谷ラボ）で、私と一緒に楽しく研究してくれる大切な仲間の中にも、

[1] エルゼビア社はオランダに本拠を置く世界最大規模の学術論文の出版社
[2] https://scival.com/trends/authors/table?uri=Topic/837

ランクインする者、情熱をもって研究ペースを上げている者が多くいます。

人々の「ウェルビーイング」を追いかけ、私たち広大角谷ラボは、いつの間にか「世界的なファイナンシャル・ウェルビーイングの研究者集団の一つ」に変貌していました。

楽天証券から「社長の楠が会いたがっている」と私に連絡があったのはちょうどその頃です。失礼な話ですが、私は当初あまり乗り気ではありませんでした。当時の私にとって「証券会社」は私の志向する「ウェルビーイング」のイメージとマッチしなかったからです。

しかし、お会いしてみると私の偏見は大きく裏切られました。楠雄治社長は良い意味でとても証券会社の社長らしくありません。

なんとなく「派手でギラギラ」したイメージのある業界にあって、楠社長はとても自然体です。大学院のシカゴ大学を除けば、小中高大のすべてで国公立育ち。学部も文学部なだけあって読書家で、博識で、教養があります。

人柄もとても誠実で、「こういう業界でのし上がる人は口八丁なところがあるのでは」という私の先入観は見事に裏切られ、恥じ入った次第です。

楠社長が掲げる「ファイナンシャル・ウェルビーイングの実現」という言葉は、楽天証券が営利企業であることを差し引いても信じられると思いました。

共同研究がはじまり、最近は楽天証券AI・データ&ヒューマンラボを中心に毎週のように議論を交わしていますが、楽天証券の「楠イズム」の浸透は素晴らしいといつも感じます。

私たちの共同研究のスタイルもまさに楠流。「拙速をもって尊しとなす」、「スピード&イノベーション」の言葉通り、たくさんのチャレンジをし、たくさんの失敗をしながら顧客本位のイノベーションを生み出そうと日々努力しています。

ぜひ行間に私たちの溢れる活気を感じながら、本書をあなたの「ファイナンシャル・ウェルビーイング」に役立てていただけたら、著者の一人として望外の喜びです。

広島大学大学院教授
角谷快彦

もくじ

Chapter

2

投資の失敗には「合理的な理由」があった

なぜ日本人の投資はうまくいかないのか（楠社長）

- 過去25年、日本株市場は山あり谷ありだった
- バブル期の高値更新まで34年もかかった日本
- 日本人が株式投資に向いていないとは限らない
- パニック売りは典型的な投資の失敗
- 現預金が半分以上を占める日本の家計
- 日本人はどうして預貯金が好きなのか
- 税金のことを考えなくても生活できる日本
- 「老後資金2000万円問題」で大きく変わった個人の意識
- 今や「NISAに全力投資」の若い世代も
- コロナショック時にもパニック売りはわずか1％
- 金融教育も着実に広がってきている
- 行動ファイナンスを知り自らの投資に生かそう

Chapter

3

学術的「**勝つ投資**」の秘訣

Chapter

4

では、どうすれば成功するのか？ 最強は「BUY&HOLD」

Chapter

5

投資で失敗しないために
パニック売り傾向チェック解説（角谷教授）

- ■パニック売りとはなにか
- ■パニック売り傾向チェックの学術的根拠
- ■パニック売り傾向チェックの結果が示すこと
- ☑金融リテラシー
- ☑自信過剰・自信過小
- ☑金融行動・金融態度
- ☑双曲割引
- ☑群集行動と個人の性格（神経質）

Chapter 6

ファイナンシャル・ウェルビーイングを目指そう

著者紹介

ファイナンシャル・ウェルビーイング
を目指すためのヒントを、
私たち2人で順番にご紹介させていただきます。
皆さまの資産形成の
ご参考になりましたら幸いです

広島大学
大学院教授
角谷《かどや》快彦《よしひこ》

広島大学ディスティングイッシュト・プロフェッサー、広島大学医療経済研究拠点（HiHER）・拠点リーダー、広島大学最先端国際プロジェクト・プロジェクトリーダー、大学院経済学プログラム教授、日本学術会議連携会員（経済学）。専門分野は医療経済学、行動ファイナンス、金融リテラシーをはじめとする実証研究。人々の「ウェルビーイング」に資する事象に興味があり、幅広い研究を行っている。

楽天証券社長
楠《くすのき》 雄治《ゆうじ》

楽天証券社長。1986年、広島大学文学部卒業後、日本DEC（現日本HP）入社。96年、シカゴ大学MBA取得。同年A.T.カーニー入社。99年、DLJディレクトSFG証券（現楽天証券）入社。2006年10月、代表取締役社長に就任。2014年1月、楽天株式会社（現楽天グループ）常務執行役員に就任。その他、楽天投信投資顧問株式会社、Rakuten Securities Hong Kong Limited（香港）、Rakuten Securities Bullion Hong Kong Limited（香港）、Rakuten Trade Sdn. Bhd.（マレーシア）、楽天ウォレット株式会社の取締役を兼任。

イラスト／白根ゆたんぽ

Chapter

1

「ミリオネア」は意外と身近な存在

資産づくりの
勝者は**コツコツ型**
が多い（角谷教授）

実は身近にいる「ミリオネア」

突然ですがクイズです。米国のミリオネアに多い職業のトップ3は何でしょう。ミリオネアとは個人の純金融資産額が100万ドル（約1億6000万円）以上の人を指します。さあ、考えてみてください。どんな職業を思いつきますか？ 医師？ 弁護士？ それともCEOなどの会社役員？ イメージとしてはハーバード大学やシカゴ大学をはじめとする、いわゆる有名私立大学を出て、最先端の医療施設、ウォールストリート、もしくはシリコンバレーを闊歩《かっぽ》する「クリエーティブ」なエリート像をなんとなく思い浮かべませんか？

正解は驚くべきものです。米国1万人のミリオネアを対象に、ラムジー・ソリューションズ（一般投資家向けに資産形成のアドバイスなどを提供する組織）が2017年から18年に実施した全米最大規模の「全国ミリオネア調査（The National Study of Millionaires）[1]」によれば、1位がエンジニア、2位が会計士、そして3位はなんと学校の先生、教師です。ちなみに会社役員は4位、弁護士は5位で、医師はトップ5に入っていません。

3位の教師は、日本では近年、残業過多や、なり手不足の問題がしばしばニュースで取り上げられ、報酬も含めた待遇改善が急務となっています。米国の経済や生活に関するデータを集めたウェブサイト・USAファクトによると、公立学校の教員の平均年収は6万6000ドル（22年）。米国でも他業

図表1 米国のミリオネア（100万ドル以上の資産家）に多い職業

順位	職業
1位	エンジニア
2位	会計士
3位	教師
4位	会社役員
5位	弁護士

出所：ラムジー・ソリューションズ「全国ミリオネア調査（The National Study of Millionaires）」（2017年〜18年調査実施）を基に作成
https://www.ramseysolutions.com/retirement/the-national-study-of-millionaires-research

種と比較して決して高くはありません。

ちなみに（親などからの）遺産相続はおそらく「世間一般のイメージ」ほどの関係はありません。ミリオネア調査では大多数である79％が（親などからの）遺産を一切受け取っておらず、100万ドル以上の遺産を受け取ったというミリオネアは全体のわずか3％しかいませんでした。実際、80％のミリオネアが自らを「中流かそれ以下の家庭の出身」と回答しています。ミリオネアが現在の資産を築いたのは「裕福な家庭に生まれたから」という推察は「間違っている」と言って差し支えないと思います。

なんだか親近感が湧きませんか？

一方で、米国では意外に高年収の人たちが経済的苦境に陥っています。例えば、大谷翔平選手の10年総額7億ドル（約１１２０億円）の巨額契約で話題になったＭＬＢ（米大リーグ）の平均年俸は４００万ドル（約6億４０００万円）を超えますが、ＭＬＢ選手が引退後に自己破産する確率は、一般家庭の約4倍もあります。[2] ちなみに、同じく目もくらむような超高給で知られるＮＦＬ（米プロフットボール）やＮＢＡ（米プロバスケットボール）の選手が引退後に自己破産する確率もそれぞれ78％、60％です。[3]

どうなっているんだ？　世間のイメージと全然違うじゃないか。あなたはきっとそう思ったはずです。しかし、この結果は「資本主義の特徴」と「人間の性質」を鑑みれば納得のいくものとなります。

資本主義の特徴

資本主義社会で資産を大きくする秘訣は、給与の伸びに期待するよりも、とにかく株式を中心とする金融商品に投資してそのリターンを得ることです。日本を含む先進国の過去２００年ほどのデータを分析した経済学者のトマ・ピケティによれば、給与の伸びと概《おおむ》ね同義の経済成長率は平均して年率約1〜2％だったのに対し、投資のリターンを表す資本収益率は平均して年率約5％だったそうです。このことはつまり、資本主義社会では、給与の伸びよりも投資のリターンの方がはるかに大きいことを意味します。

実際、経済学者のジェレミー・シーゲルの『Stocks for the Long Run 6th Edition』によると、米国で1ドル紙幣を1802年から2021年までの約220年間持っていると、紙幣の価値はインフレで目減りして20分の1以下になった一方、1802年に買った1ドル分の市場平均を表す株は、2021年までにその価値が233万倍以上になったそうです。

たった1ドルが220年間で約233万ドル（約3億7400万円）。すごいですよね。そしてこのことは、米国のみならず、過去約120年間で日本を含む多くの国でも、世界の株式の実質利回りの年率平均が5%近くなるなど、概ね似たような傾向となっています。

多くの人にとって家計の安寧「ファイナンシャル・ウェルビーイング」への近道はとにかく投資です。前述のミリオネア調査でも、回答したミリオネアの75%が長期にわたって積み立て投資を実施していますし、80%が企業型確定拠出年金に投資していただけでなく、75%が勤務先の年金プランにも投資していたと答えています。

知識は重要です。でも必ずしも学費の高い学校に通う必要はなさそうです。大学進学率が38%の米国において、ミリオネアの88%は大卒です。しかし、そのうち62%は公立・州立大学（日本の「国公立大学」に相当）で学んでいます。この割合は米国の4年制大学の76%が私立大学[4]であることから考えると

図表2 実質トータルリターン（1802〜2021年／米国）

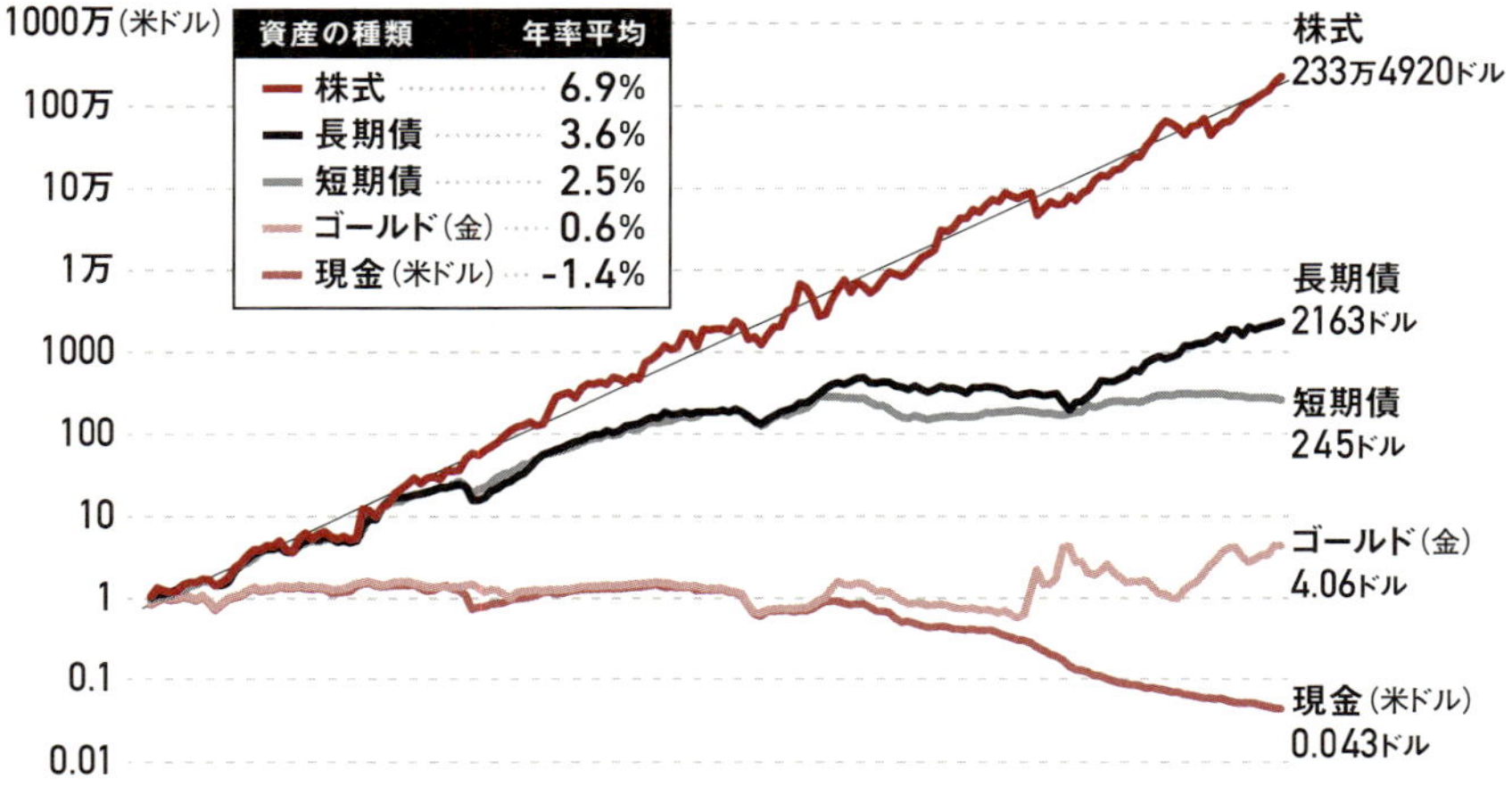

出所：Jeremy J. Siegel "Stocks for the Long Run" 6th EDITION

図表3 各国の株式と債券の実質利回り（1900〜2020年／年率平均）

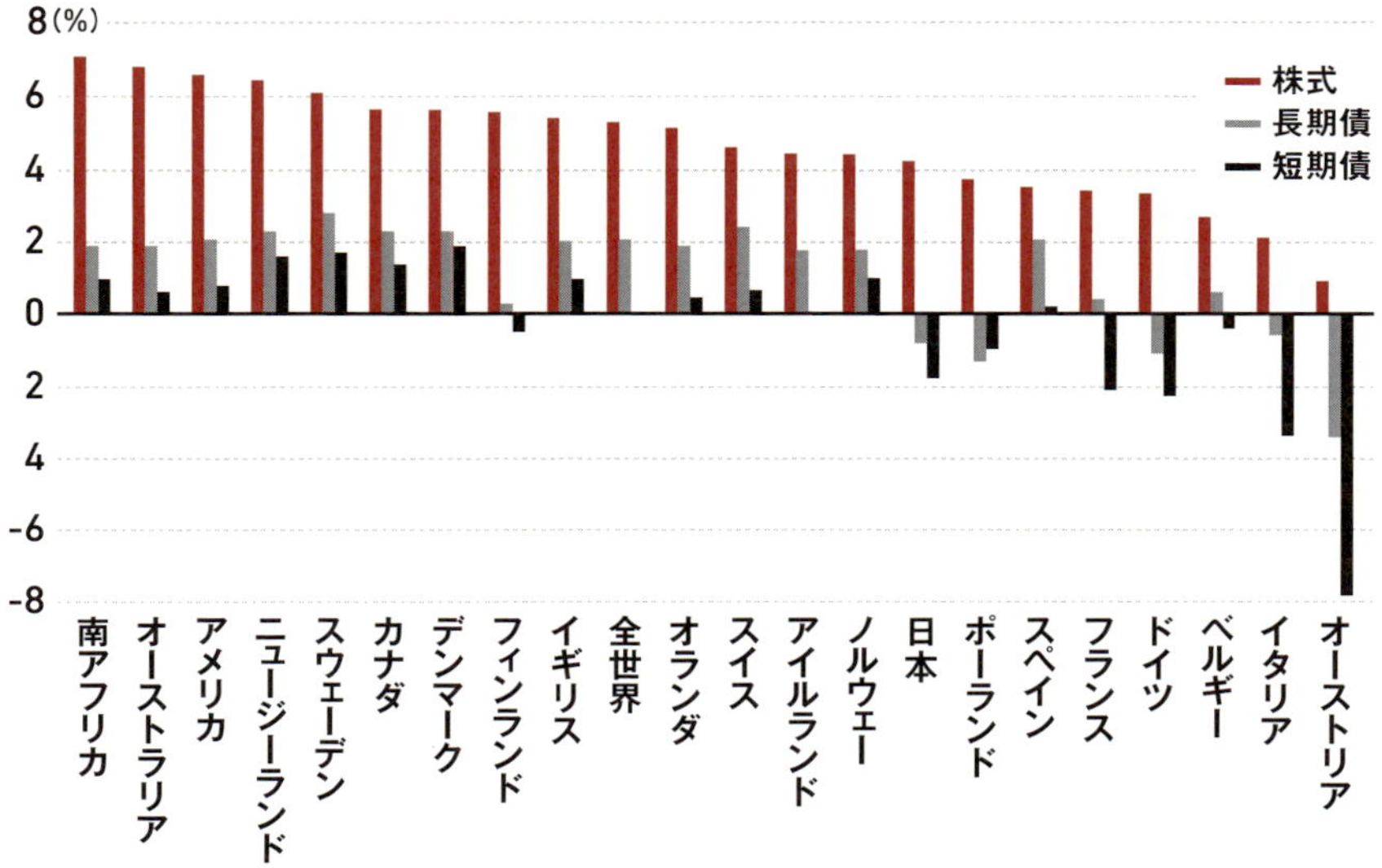

出所：Jeremy J. Siegel "Stocks for the Long Run" 6th EDITION

かなり多いと思われます。

一方、ミリオネアの約半数（52％）は学部だけでなく大学院も修了しており、この数字は米国全体の大学院修了者率13％[5]の4倍になっています。つまり、知識の量と概ね比例する「学歴」は重要であるものの、学ぶ場所は学費の高い私立である必要は必ずしもないといえます。

収入が増えると支出も増えるのが人間の特徴

人間は、意識しなければ、支出を収入に達するまで膨張させがちで、これを「パーキンソンの法則」といいます。また、一度上げた支出水準はそう簡単にはもとに戻せません。これを「ラチェット効果」といいます。会社役員やプロスポーツ選手などの多くは高給であるにもかかわらずこの手の罠《わな》にはまり、長期的な投資に回す資金を捻出できなかった可能性が高いと思われます。

この背景にはいわゆる経済学で言う「ピア効果」があります。これは人間が身近な仲間同士で影響を受け合うことを示したものですが、ネガティブに働くこともあります。例えば、会社役員が同じ役員の同僚が「ポルシェ」を買ったことを知ります。「俺も（私も）負けたくない」ということで、同じく高級車の「ランボルギーニ　カウンタック」を買います。今度は別な同僚が避暑地に別荘を買ったと聞きます。やはり「負けたくない」という気持ちから同じく別荘を購入します。スポーツ選手の多くも同じでしょう。ライバルが買った「ロレックス」に対抗して「オメガ」を買う。今度はやれ「エルメス」だ「プラダ」だと、ピア効果が加速させる「パーキンソンの法則」にはキリがありません。

また、職業柄の「風習」や「見栄」の重要性も広義の「ピア効果」かもしれません。会社社長同士のゴルフコンペや船上クルーズパーティーなどはそうした一面があるでしょう。また、安易に安物を購入できない立場の人も居ます。例えば、クライアントや患者が藁《わら》にもすがる思いで頼った「スター弁護士」や「すご腕外科医」が弁護士事務所や先端病院にボロボロの軽自動車で乗り付けた場合、周りにはしらけたムードが漂ってしまうかもしれません。

一方で、ミリオネアの職業ランキングでトップ3に入った、エンジニア、会計士、学校の先生はどうでしょう。一般論としてこうした職業人はパーティーやゴルフコンペなどの「華やかな場」に身を置く必要性はかなり低いですし、高級品を嗜好する「ピア効果」も相当に少ないと思われます。会社役員、弁護士、医師、プロスポーツ選手などとは異なり、学校の先生や会社の経理担当や技術者が職場に「フェラーリ」で現れたらかえって顰蹙《ひんしゅく》を買うのではないでしょうか。

コツコツ型が勝つ資本主義

そびえ立つ摩天楼やまぶしいネオン街のイメージと異なり、資本主義を極めると実はコツコツ型が勝つのです。先ほど、資本主義では給与の伸びよりも投資のリターンの方が2倍程度以上も大きいことを紹介しました。この差は長期投資で複利の効果を生かすとてつもなく大きな差になります。

例えば、米国の大手500社の株式の時価総額を基に算出するS＆P500株価指数や、全世界株式（オールカントリー）の指数に連動するインデックス型の投資信託の、過去30年ほどの平均年率リターンは円換算で概ね7〜8％程です。今後の平均年率リターンを仮に7％とした場合、毎月3万円、年に2回のボーナス月に加算10万円の積み立て投資をNISA口座で40年間続ければ、あなたの個人金融資産は1億円をゆうに超えることになります。

米国のベストセラー『となりの億万長者』（トーマス・J・スタンリー、ウィリアム・D・ダンコ共著、日本版は早川書房から発売）に登場するような「億万長者」たちも、確定拠出型年金等を併用しながらも、概ね似たような手法でミリオネアになったことが前述の調査からうかがえます。

ミリオネアに多い上位3つの職業の特性も「コツコツ型が勝つ資本主義」を裏付けます。基本的に「エンジニア」は与えられた納期と予算の範囲内で工夫して安全で便利な製品を作る仕事。「会計士」は厳格な会計ルールの中で工夫しながら資金の流れの透明性を確保する仕事。「学校の先生」は設備と生徒を与えられ、その中で工夫しながら教育目標の達成を試みる仕事です。いずれも限られた条件の中で工夫して成果を挙げようとするものです。

また、一般論としてエンジニア、会計士、学校の先生の仕事はやりがいを感じやすく、長く同じ職種や職場にとどまる傾向があります（一部の「シリコンバレーのプログラマー的なエンジニア」はそうでもないかもしれませんが）。いずれにしても与えられた条件の中で工夫しながらコツコツと投資を継続する彼らの姿が目に浮かびませんか？

ちなみに、ミリオネアは買い物をする際「買い物リスト」を作成します。前述の調査では、ミリオネアの85%が買い物リストを作成すると回答しています。そして57%が「買い物リストを作成し、概ねその通りに買い物をする」と答えていますし、28%は「常に買い物リスト通りに買い物をする」としています。これもある意味「コツコツ型」を裏付ける結果です。会計士と買い物リストはイメージ的に容易に結び付きますが、仕事上でも予算制約の中で工夫することに慣れたエンジニアや学校の先生もこうした努力が続けやすいのかもしれません。

こうしたことから、会社役員、弁護士、医師といった人々が生活水準を最大限に上げてしまう「パーキンソンの法則」や一度上げた生活水準を下げにくい「ラチェット効果」に苦しむ傍ら、相対的に誘惑の少ないエンジニア、会計士、学校の先生はコツコツと余剰資金を投資に回し、カメがウサギを追い越すように、長期運用の結果としてミリオネアになるのです。

誤解してほしくないのですが、「賃金が高い」ことがミリオネアになる上でネガティブな要素だと主張しているわけでは決してありません。資産形成において賃金の大きさは間違いなく重要な要素の一つです。ただし、「賃金」の伸びより「投資のリターン」が大きい資本主義社会において、給与所得の大きさは資産形成のすべてではなく、長期では「投資のリターン」の側面をどう生かすかの方がむしろ重要といえるのです。さらに言えば、たとえ給与がさほど高くなくても、将来不安がなくなるくらいの資産形成は長期的には十分可能です。

日本のミリオネアに多い職業第5位は「一般事務職」

私の研究室である広島大学・角谷ラボ（広大角谷ラボ）では楽天証券AI・データ&ヒューマンラボ（所長：正田康暁氏）と2023年に実施したアンケート結果から「日本版ミリオネア調査」ともいえる、家計金融資産1億円以上の個人4726名から集めたデータを分析しました。おそらく日本の詳細な「ミリオネア調査」としては国内最大規模だと思われます。結果は、米国同様、興味深いものでした。

まず、職業です。総務省の「日本標準職業分類」（中分類）を用いたので、用語がやや堅いですが、

図表4　日本の「ミリオネア」に多い職業トップ5（広大角谷ラボ調べ）

職業（日本標準職業分類・中分類）	占有率
法人・団体役員	12.9%
法人・団体管理職員	12.4%
医師、歯科医師、獣医師、薬剤師	8.1%
分類不能の職業	7.8%
一般事務従事者	6.7%

対象：家計金融資産1億円以上の個人4,726名

1位「法人・団体役員」、2位「法人・団体管理職員」、3位「医師、歯科医師、獣医師、薬剤師」、4位「分類不能の職業」、そして5位「一般事務従事者」でした。1〜4位はいわゆる役員、管理職、医療専門職ということで「世間のイメージ通り」だったと思いますが、5位の「一般事務従事者」には親近感を覚える人が多いのではないでしょうか。

もっとも、本調査は米国の「個人金融資産」と異なり、「家計金融資産1億円以上の個人」です。夫婦でも家計が別であることが珍しくない米国に比べ、日本の多くの世帯では生計を一つにすることが多いのでこうした差異は必然的に生じます。

例えば日本調査では高収入の会社社長の配偶者である事務職員がミリオネアとして回答している可能性はゼロではありません。しかし、家計金融

資産1億円を超えて共働きする事務職はそれほど多いとは思えませんので、日本にも米国同様「コツコツ型が有利な社会」の実態がある可能性が高いと解釈するのが妥当でしょう。ちなみに、**日本のミリオネアの実に7％近くが「一般事務従事者」です。**

■日本の「ミリオネア」の博士号取得者比率は一般平均の約14倍

米国同様、資本主義社会を生き抜く上で知識は重要です。私たちの調査では、「日本のミリオネア」の大卒者割合は約88％。前述の米国の調査と同様の数字です。さらに修士号取得者割合は約20％、博士号取得者割合は5・8％です。いずれも非常に高いといえる数字ですが、日本全体の学位保有率との比較は、全体の学位保有率を長期で示せるようなデータがなく困難です。一方で、比較的確度の高い長期データとしては日本の「博士号」取得者数の長期データ（1981年～2018年）が利用可能であり、これを基に推計すると日本の博士号保有者はここ30年で約51万人に上ると推計できます。

もちろん、1981年より前に博士号を取得した人はデータに含まれませんが、博士号取得者の年齢が若くても20代後半であることを考えると、日本の人口の多くをカバーしていると考えられます。また81年の博士号取得者がわずか6599人しかいないことを考えるとそれ以前の博士号取得者数は非常に少ないといえます。もちろん、その上でも海外で博士号を取得した日本在住者や日本で博士号を取得した国外転出者等が考慮できませんので、数値はあくまで大まかな数字を把握するものとご理解く

図表5 日本の「ミリオネア」の学位（広大角谷ラボ調べ）

学位	ミリオネア	参考）一般25歳以上人口
学士	85.9%	—
修士	24.9%	—
博士	7.2%	0.52%（推計値）

対象：家計金融資産1億円以上の個人4,726名
注1　：博士号取得者数（1981年～2018年）は科学技術・学術制作研究所のデータより集計
https://www.nistep.go.jp/sti_indicator/2021/RM311_34.html
注2　：日本の25歳以上人口は総務省統計局の人口推計（2023年）より取得
https://www.stat.go.jp/data/jinsui/2023np/

ださい。

さて、全体の博士号取得者数の推計値を、米国国勢調査局の手法に倣って日本の「25歳以上人口」である約9845万人（総務省統計局2023）と比較すると、日本の25歳以上人口における博士号取得率は概ね0・52％であると推計されます。そう考えると**日本のミリオネアの博士号取得者比率は一般平均の実に13・8倍**となります。

日本の「博士号」や「博士号取得者」はこれまで、「足の裏の米粒（とっても食えない）」「高学歴ワーキングプア」などと揶揄《やゆ》され、「お金にならない（稼げない）こと」を強調されることが多かったわけですが、この結果は「博士号」のこれまであまり知られていなかった側面を示しているといえます。

図表6 日本の「ミリオネア」の最終学歴（大卒以上）の法人形態（広大角谷ラボ調べ）

法人形態	ミリオネア	全体
国公立	44.5%	26.0%
私立	55.5%	74.0%

対象：家計金融資産１億円以上の個人4,726名
注：全体は文部科学省「学校基本調査」より集計
https://www.mext.go.jp/content/20230823-mxt_chousa01-000031377_001.pdf

目立つ国公立大学出身者

「知的社会」で気になるのは学びのコストである「学費」ですが、「日本版ミリオネア調査」でも米国同様、国公立の割合の多さが見られます。日本も米国同様ミリオネアのほとんどは大卒以上なので、表は日本の大卒以上のミリオネアの最終学歴の法人形態ですが、文部科学省「学校基本調査」によると２０２３年の日本の大学の在籍者数の割合は私立が約４分の３を占め国公立は約４分の１に過ぎません。

しかし、これがミリオネアになると国公立は私立と５割前後で拮抗します。日本でも国公立大学が存在感を示しているといえそうです。一般的に学費は国公立の方が安価ですので、知的社会における国公立の重要性が目立ちます。

買い物は計画的に

日本でも計画的な買い物はミリオネアにとって重要です。実際、「日本版ミリオネア調査」でも約76・7％のミリオネアが「何かを買う前に、それを買う余裕があるかどうか注意深く考える」という考えに「あてはまる」もしくは「ややあてはまる」と回答していますし、同じく75・6％が「お金を貯めたり使ったりすることについて、長期的な計画を立て、それを達成するように努力する」という考えに「あてはまる」もしくは「ややあてはまる」と回答しています。

なお、そもそも買い物をするのにも余裕があまりないという方には、これから投資を始めるヒントを第7章で紹介します。

将来の家計に不安を感じるあなたに伝えたいこと

私の興味は「株式投資」そのものではなく、蓄財を通じて市井の人々が「生存の基盤を確定」するお手伝いをし、各人が好きな仕事や趣味に不安なく集中できる世の中に貢献することです。

「はじめに」でも書きましたが、私は人々の安寧を意味する「ウェルビーイング」に興味があり、**研**

究対象はもともと「介護」でした。ニューヨークとロンドンで出版した『Human Services and Long-Term Care: A Market Model』(Routledge)や日本公共政策学会著作賞を受賞した『介護市場の経済学』（名古屋大学出版会）等の成果に基づき、介護士の皆さんをはじめ、現場でこの国を支える方たちの待遇改善を主張してきました。

他方で資本主義社会には、トマ・ピケティが「r＞g」と指摘したように、給与所得の伸びとほぼ同義の経済成長率（g）よりも資本収益率（r）の方が大きい構造があります。

そして、「ウェルビーイング」を探求するうち、いつの間にか研究分野が「ファイナンシャル・ウェルビーイング」に大きく広がったというわけです。

本書は楽天証券株式会社の楠雄治社長のご経験と私の研究で得られた知見を**市井の皆さんに還元する試み**です。別の言い方をすれば、本書は金融のプロ、専業投資家、そして富裕層の方々はターゲットにしていません。投資が何より大好きという投資愛好家の方も対象から外れるでしょう。

本書のターゲットは、将来の家計に対して不安を抱えているあなたです。

実際、本書で提案する「**インデックス投資**」は誰でも片手間でできる簡単な手法である上に、長期ではほとんどのプロ投資家よりも高いパフォーマンスを実現できるという、夢のようでありながら、**学術的にも強固な裏付けのある手法**です。

例えば、長期的なインデックス投資が資産づくりに有効なことは先ほども述べたとおりです。

あなたが現在20代、30代なら、将来お子さんが大学へ進学するまでに十分な蓄財ができるでしょうし、あなたが今40代、50代なら、20年後のあなたの老後は安心できる豊かなものになるでしょう。また、もしあなたが今60代、70代で資産を取り崩す段階にあるとしてもインデックス投資は有利です。例えば、60歳で余剰資産1000万円を、NISA枠[6]を使って年利7%のインデックスファンドに投資した場合、毎月5万円を定額売約して取り崩したとしても、投資したお金はあなたが120歳になってもなくなるどころかむしろ増え、120歳の時点で7000万円以上になっている計算になります。

また、先に述べたように、より長期での運用ができればあなたが「ミリオネア」になるのは決して難しいことではありません。

資本主義の仕組み、そして投資の重要性と複利効果のすごさが分かるのではないでしょうか。

もちろん、過去の出来事が未来も続くという保証はありませんし、年率の平均はあくまで「平均」なので良い年も悪い年もあります。しかし、インデックス投資の優位性は、過去何十年にもわたって世界中で実証されてきた、資本主義社会が続く限りもはや完全に否定するのは不可能なほどの、強固な学術的エビデンスに裏付けられています。

一方で、もしあなたが余剰資金をそのまま銀行口座に寝かせておいたとしたら、前述のケースとの差は歴然です。**余剰資金を銀行口座に寝かせておく行為は、年間の金利（＝年利）がほぼ0の商品に余剰資金100％を「投資」しているのと同じ**です。もちろん生活資金や非常用の貯蓄はそれでよいですが、年利が（ほぼ）ゼロなのでそのままでは余剰資金は何年たっても増えませんし、前述の60歳からの取り崩しでも毎月5万円をその1000万円の預金から取り崩せば、76歳でゼロになってしまいます。それどころか今後のインフレ率によっては「実質的に目減り」する可能性もあります。繰り返しますが、銀行にお金を預けるのも広い意味で「投資」です。同じ投資をするならより合理的に運用した方がよいのは自明だと思います。

株式投資は余剰資金でやる限り、やった方が合理的ですが、その際は本書で得られる知識を武器に労力は最小にして、貴重な時間をご自身やご自身の大切な人の人生を輝かせることに費やして欲しいと個人的には思います。

本書がユニークなのは、**「市井の人々の資産づくりを通じたファイナンシャル・ウェルビーイングの実現」にすべてを捧げた**ところです。例えば、私が提案する「インデックス投資」は学術的には「ランダム・ウォーク理論」をその重要な根拠としています。一方で、私はこの「ランダム・ウォーク理論」が前提とする「市場は常に合理的・効率的であるという仮説（効率的市場仮説）」と対立し得る「行動ファイナンス」分野の研究者です。この意味で、私の立場は本来であれば、対立する理論の延長にある「インデックス投資」を批判してもよいかもしれませんが、私は様々な学術的エビデンスから、少なくとも日本や米国など先進国市場に投資するほぼすべての個人投資家にとって「インデックス投資」が最適解であることを認め、むしろ「行動ファイナンス」の知見を「インデックス投資」の鉄則から逸脱しないためのアドバイスに活用しています。

そして、本書の読者特典である「パニック売り傾向チェック」とその解説（第5章）も、学術的なエビデンスと共に前述の視座で作成しています。

すべては「市井の人々のファイナンシャル・ウェルビーイングのために」。その思いは楠社長もおそらく同じです。

本文中の注

1 https://www.ramseysolutions.com/retirement/the-national-study-of-millionaires-research
2 8-Figures and broke; Why do professional athletes go bankrupt so often? | Blue Water Credit
3 Majority of NFL, MLB & NBA Players Go Bankrupt Within 5 Years!(+125K Views)- munKNEE.com
4 https://www.ryugaku.com/blog/us-college-data.html
5 https://www.census.gov/library/stories/2019/02/number-of-people-with-masters-and-phd-degrees-double-since-2000.html
6 個人の年間のNISA投資枠は成長投資枠240万円+つみたて投資枠120万円の合計360万円なので、厳密には一度に1,000万円をNISA枠に投資することはできません。

Chapter 2

投資の失敗には「合理的な理由」があった

なぜ日本人の投資は
うまくいかないのか（楠社長）

皆さん、こんにちは。楽天証券ホールディングス、代表取締役社長の楠雄治です。最初に少しだけ自己紹介をしましょう。

実は私は社会人の最初から金融業界で働いていたわけではなく、大学を卒業した後は1986年に日本DEC（現在の日本ヒューレット・パッカード）に入社し、金融機関のトレーディングのシステムを構築するエンジニアとして働いてきました。94年にシカゴ大学ビジネススクールに留学して96年にMBAを取得した後、米系のコンサルティング会社を経て99年に、スタートアップの日本の証券会社に入りました。それがDLJディレクトSFG証券という国内初のネット証券でしたが、2004年には社名を楽天証券に変更、06年から私が代表取締役社長を務めています。楽天証券ホールディングスの社長になったのは22年からです。

過去25年、日本株市場は山あり谷ありだった

振り返れば25年間ほど日本の株式市場を見てきたことになりますが、その間は決して平坦な道ではなく、「山あり谷あり」でした。

DLJディレクトSFG証券がビジネスを始めたのは1999年3月のことでしたが、それから間もない2000年に**ITバブルが崩壊**しました。米国の新興企業が多く上場しているNASDAQ（ナスダック）市場の代表的な株価指数であるNASDAQ100で見てみると、00年3月には約4700

図表1 超長期で見た日経平均株価の動き

出所：日本経済新聞社「日経平均プロフィル」などより編集部作成

まで上昇していた指数が、02年10月には約8000まで下落したのです。日本株市場も大きな影響を受けました**【図表1】**。

08年9月には米国の大手投資銀行の経営破綻を機に**リーマン・ショック**が勃発し、日経平均株価は1万8000円台から7000円台まで下落。11年3月には**東日本大震災**が発生と、株式市場にとってはネガティブな出来事が立て続けに起こりました。中でも一番ショックが大きかったのはやはり東日本大震災で、我々の毎日の生活だけでなく、日本企業の活動にも深刻な影響をもたらしました。

翌12年12月の自由民主党の政権復帰と、そこからスタートした**アベノミクス**（安倍晋三政権による大胆な経済再生策）で持ち直し、その後数年は比較的順調に推移していたと思いきや、今度は新型コロナウイルスの蔓延によって20年3月に始まった下落相場が**コロナショック**です。皆さんの記憶にも新しいと思いますが、およそ3年もの間、世界中の人がそれまでとは違った生活様式を強いられ、各国や企業の経済活動も大きく停滞してしまいました。

株式市場は本来、山あり谷ありだとはいうものの、この25年間は大震災やコロナ禍といった「100年に1度」級の大きな谷が多かった印象です。

バブル期の高値更新まで34年もかかった日本

そもそも、日本株市場の大きな山や谷と言えば1990年前後の**バブル崩壊**が挙げられます。89年12月29日には日経平均株価がそれまでの最高値、3万8915円を記録しましたが、それ以降の景気は下り坂。92年6月には日経平均は1万6000円を割り込み、最高値から半値以下になっています。

中高年世代にはこのバブル崩壊の影響により、株式投資で痛い目に遭った方も多くいます。日経平均がようやく89年の最高値を更新したのは24年2月で、実に34年もかかったことになります。全体相場が低迷する中では株式投資で利益を上げるのは難しく、何を買ってもうまくいかなかったことから、この世代を株の「**トラウマ世代**」と分析する見方もあります。

「失われた30年」とも言うように、この間はデフレを背景に賃金が一向に上がらず、日本のGDP（国内総生産）も伸び悩みました。30年以上もの間、ずっと500兆円台で推移していた日本の名目GDPが、ようやく600兆円台に達してニュースになったのが24年の夏のことです。結果的に、日本の株式投資は米国や中国などと比べるとあまり盛り上がりませんでした。

日本人が株式投資に向いていないとは限らない

しかし、だからといって「日本人は株式投資に向いていない」と決め付けるのは早計でしょう。これまで日本人の株式投資がうまくいかなかったのは、先ほどお話ししたような相場環境に加え、株式投資に必要な資質とは別の要因があったからではないかと思います。

投資がうまくいかない大きな要因の一つと指摘されているのが「**損失回避行動**」です。人間は「できる限り損は避けたい」という潜在意識を持っているものです。行動ファイナンス（経済学と心理学を融合した理論）では「**プロスペクト理論**」と呼ばれますが、例えば、1万円得をしたケースと1万円損をしたケースでは、後者の喪失感の方が前者の満足感の何倍も強く感じるといわれます。同じ1万円でも、損失の方により大きく心が揺さぶられるわけです。

損失への恐怖感が強いと、本来「**損切り**」（投資で損失が出ている時、その資産を売ってしまって損失を確定させること）して出直すべき場面でもうまく損切りができず、ずるずると損を膨らませることになります。それどころか、前述のような金融ショックが起こって大損をしそうな局面になると、冷静さを失い、普段では考えられないような突拍子もない行動を取ることもままあるのです。

■パニック売りは典型的な投資の失敗

損失回避行動の非常に分かりやすい例が、08年9月に起きたリーマン・ショックの際の個人投資家の対応です。相場が急落すると、株式や投資信託を購入していた投資家が一斉に持っていた資産の売却に走りました。いわゆる「**パニック売り**」です。

行動ファイナンスで言うところの「**ハーディング効果**（周りの人と同じ行動を取ることで安心感を得る現象＝同調効果）」も加わって、市場は売りが売りを呼ぶ壮絶な展開になりました**【図表2】**。

リーマン・ショックを改めて振り返ってみましょう。これは、米国の大手投資銀行のリーマン・ブラザーズの経営破綻が各国の主要市場に連鎖し、世界的な金融危機を引き起こした出来事を指します。日本の株式市場はその後も半年近く反発のきっかけを見いだせずにずるずると下げ続け、民主党政権下の09年3月には日経平均株価が7054円の安値を付けました。リスクが高い信用取引で手持ちの資金を大きく上回る取引をしていた人の中には、暴落で証拠金が不足し、追加証拠金（追い証）の支払いに迫られて保有株を手放さざるを得なくなるケースも多くありました。

図表2 損失回避行動が相場下落を悪化させる

- 人間は損をした時の痛みの方が、得をした時の喜びより大きい（本能的に損失を恐れる）＝**プロスペクト理論**
- このため含み損が出ている時も、確定させて「**実現損**」になることを恐れ、**うまく損切りができない**
- 金融ショックで急激に相場が下がった場合、過去の経験則では4～5年で元の水準に戻ることが多いが、**一部の投資家は「もっと下がるのでは」と恐怖を感じて資産を投げ売りする（パニック売り）**。この結果、株価はさらに下がる
- 周りの人が投げ売りするので「**自分も今売らねば**」と**同調して売る投資家も出てくる（ハーディング効果）**。売りが売りを呼ぶ結果に

楽天証券ではリーマン・ショックの少し前から投資信託の積み立て購入サービスを始めていて、利用されるお客さまが徐々に増えてきていました。しかし、リーマン・ショックが起こった後は、それまで積み立てていた投資信託を全部手放してしまう方が続出したのです。

お客さまが積み立てをやめてしまった理由は様々です。リーマン・ショックで景気が冷え込んで収入が大きく減ってしまい、目先の生活資金が必要になった方。一方、保有している投資信託の評価額が見るたびに下がっていくのに耐えられず、「今すぐにやめないと、もっと大きく損をしてしまうのではないか」と不安にかられて解約に来られた方もいました。

しかし、何十年も先の老後資金のために積み立てをしている人にとっては、相場の急落時はむし

ろ絶好のチャンスでもあるはずです。例えば投資信託なら、いつもと同じ金額でいつもより多い口数が買えるからです。にもかかわらず、リーマン・ショック時には逆に積み立てを継続することに不安を感じた人の方が圧倒的に多かったのです。

それまで何十年間積み立てていても、相場が急落した「谷底」のところで売却すると、その時点で大きな損失が確定してしまいます。その後、相場が回復しても恩恵は受けられません。さらに、せっかく安く買えるタイミングで購入をやめてしまったことは、**典型的な投資の失敗**ともいえるでしょう。

思えば、当時は**NISA**（少額投資非課税制度、開始は14年）のような国民の資産形成を支援する制度もなく、個人が金融教育を受ける機会も限られていました。成熟した投資家層がまだ形成されていなかったのだと思います。そうした中で、短期のお客さまも、長期のお客さまもパニック売りをして市場から逃げ出すという残念な事態が生じてしまったのです。

現預金が半分以上を占める日本の家計

そもそも、世間では「日本人は株式投資に消極的だ」と思われているようです。ライフスタイル全般において安全志向が強いため、資産運用でも元本割れのリスクを取りたがらない傾向がある、というのです。

図表3 家計の金融資産構成

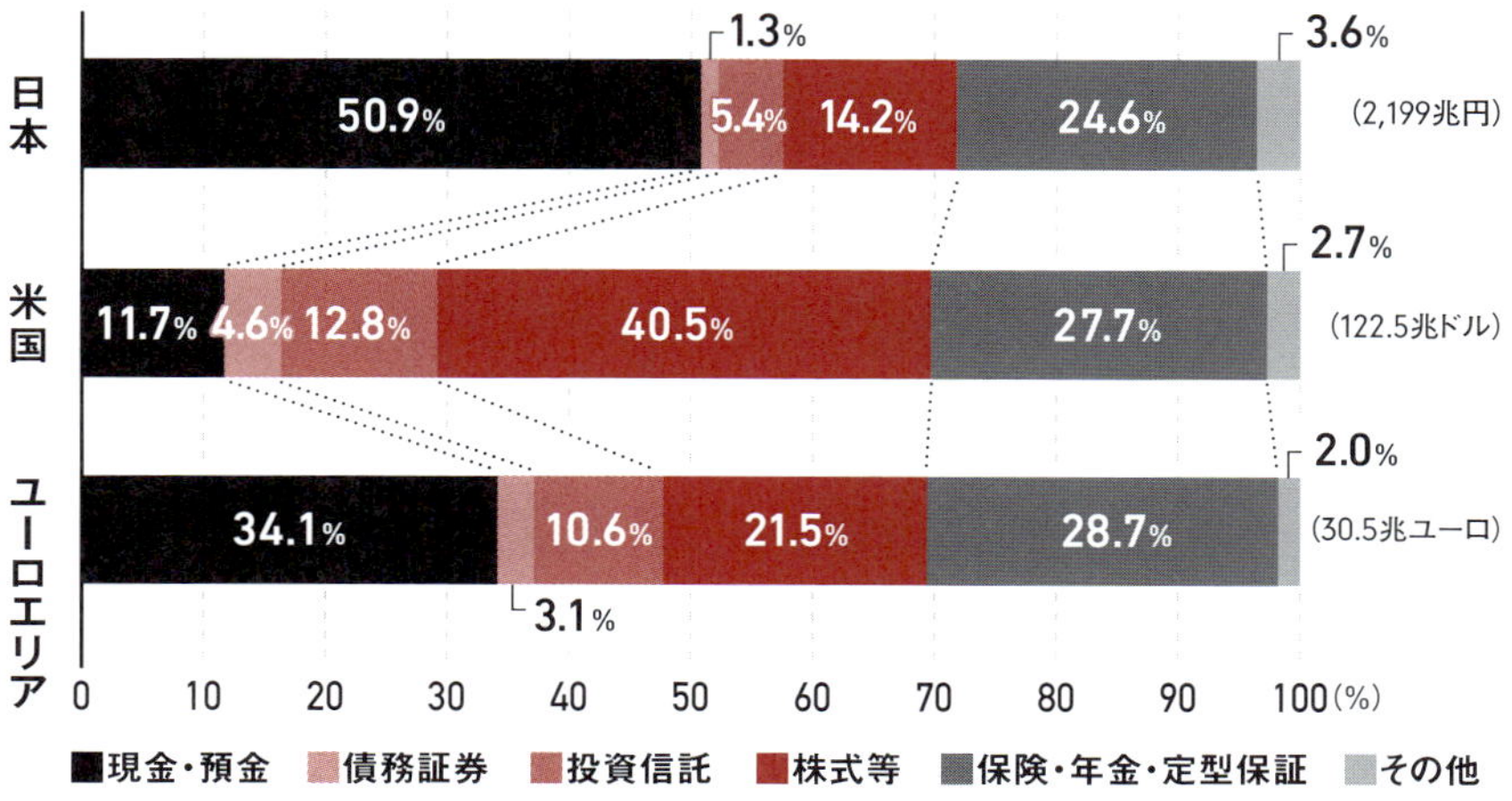

出所：日本銀行調査統計局「資金循環の日米欧比較」2024年8月30日

その根拠としてよく使われるのが、日本銀行が毎年発表している「資金循環の日米欧比較」のデータです。メディアや金融セミナーなどで取り上げられる機会も多いので、どこかで目にしたことがある方もいらっしゃるのではないでしょうか。

24年第1四半期版【図表3】を見ると、米国では家計の金融資産の53・3%、ユーロエリアでは32・1%が株式や投資信託で運用されているのに対し、日本では19・6%に過ぎません。とはいえ、00年のデータでは日本のリスク商品は10・4%でしたから、これでも倍近く増えた格好です。

一方で、現金や預貯金では日本が50・9%と突出して多くなっています。ユーロエリアは34・1%、米国に至ってはたったの11・7%です。

金融市場が変化しても、全体的な傾向に大きな変化はないようです。「**貯蓄から投資へ**」は日本の長年の課題となっており、岸田文雄政権下でも21年以降の「新しい資本主義実現会議」で、個人マネーを投資に振り向けていくことで企業の成長を取り込み、資産所得の拡大につなげる「資産所得倍増プラン」が提唱されました。

日本人はどうして預貯金が好きなのか

確かに、日本人が預貯金好きだというのはその通りかもしれません。日本人の資産運用が預貯金偏重になったのは、歴史的な背景からも説明することができます。

日本の株式取引の中心は東京証券取引所ですが、その前身である東京株式取引所は、明治前期の1878年に開設されました。

戦前には地主や商人などの富裕層に加え、2024年に新1万円札の顔にもなった実業家の渋沢栄一氏が提唱した「合本主義（不特定多数の人々が資金や運営の面で協力し合って、大規模事業を推進していくこと）」によって、若年層の新しい投資家を取り込んだ株式投資ブームもあったようです。

しかし、第2次世界大戦での敗戦により、個人はほとんどの資産を失いました。加えて、日本全体の復興を目指して産業界に多額の資金を流入させる政策が実施され、預貯金が推奨されるようになります。戦後のインフレを抑制する目的もあり、政府が「救国貯蓄運動」を推進したこともありました。当然ながら、預貯金には相応の金利も付けられました。

図表4 日本の長期金利（10年物国債）の推移

出所：財務省「国債金利情報」過去の金利情報（昭和49年（1974年）〜）

その後の高度成長期は高金利時代でもありました。1970年代に起こった2度のオイルショックの際、日本の政策金利（公定歩合）は9%に達しています。80年代のバブルでも長期金利は上昇し【図表4】、ピーク時には長期信用銀行が扱っていた利付金融債の一種の「ワイド」、信託銀行の貸付信託の一種の「ビッグ」などは利回りが10%近くなり、発売日には支店の前に長蛇の列ができたほどです（これがいわゆるワイド騒動です）。

お金を一定期間預けておくだけで確実に年10%近い利息が受け取れるのですから、個人は元本割れの可能性のある株式投資より、安全な預貯金や債券を選びます。実際、当時は郵便局の「定額貯金」や生保会社の「一時払い養老保険」に7〜8年お金を預ければ、満期には元本がほぼ倍になって戻ってきたのです。

このように高金利で運用できた時代が一種の成功体験となり、日本人の中に次第に預貯金信仰が根付いていったように思います。

その後の90年ごろにはバブルが崩壊し、日本は「失われた30年」と呼ばれる**長期デフレ**の時代に突入します。この時期にも貯蓄好きな日本人の多くは、資産をほとんど利息のつかない預貯金やタンス預金にしていました。しかし、結果的にそれは大正解でした。

デフレとはインフレの逆で、先に行くにつれて物の値段が継続的に下がり、反対にお金の価値が上がっていく現象です。こうした時期には下手に動いて投資で損を出すより、何もしないで預貯金に置いておく方がよかったともいえます。

必ずしも意図的ではなかったのでしょうが、結果として、多くの日本人が「賢い選択」をしていたということになります。こういった高金利時代やデフレ時代の成功を経て、日本人の中に「預貯金は裏切らない」という固定観念が出来上がっていったのかもしれません。

税金のことを考えなくても生活できる日本

また、欧米ほど投資に積極的でない背景には、日本ならではの特殊な事情もありそうです。

日本で会社員として働いていると、自分の収入や支出、納めている税金について細かくチェックする機会はそれほど多くありません。一つの理由として考えられるのが、**日本の納税制度**です。

日本の会社員の場合、所得税は自分で納めに行くのではなく、勤務先が毎月の給与やボーナスから天引き（源泉徴収）してくれます。この源泉所得税は少し多めに天引きされているので、その年の収入が確定した時点で、本来納めるべき所得税を算出して天引きした額との差額を戻す「年末調整」が行われます。

従って、年収が2000万円を超える人や、副業で2カ所以上から給与を受け取っている人など一部の例外を除けば、確定申告をする必要がありません。これが税金を含む家計全体の収支に目を向けなくても済む要因になっています。

一方、米国やフランスなどの会社員は、毎年決められた期日までに自分で確定申告して納税しています。そのための納税支援ソフトなども90年代から多数発売されてきました。

海外経験が豊富な角谷快彦教授によると、米国人やオーストラリア人は年度末が近くなると、日常会話の中で美味しいレストランの話をするような気軽さで、「どの税理士がいいか」といった情報交換を始めるそうです。仕事用のスーツを一着買うにしても、「これは経費で落とせるだろうか」と真剣に考えていると言います。

日本でも富裕層や自営業、フリーランスなどの方なら税理士に出入金の管理や申告の手続きを依頼しているかもしれませんが、一般的な会社員であれば、税理士のお世話になるのは親族の相続の時くらいではないでしょうか。

　また、投資の税金にしても証券会社には「**特定口座（源泉徴収あり）**」という制度があり、これを利用すれば株の値上がり益や配当にかかる税金を証券会社が計算して源泉徴収で納めてくれますので、ますます税金から遠くなります。忙しい勤め人には手間が省けてありがたい半面、それに慣れると家計管理や納税への関心が薄れてしまうマイナスの側面もあるように思います。いずれにせよ日本の源泉徴収制度は、世界でも稀《まれ》な効率性の高い「中央集権税金徴収システム」といえるでしょう。

「老後資金2000万円問題」で大きく変わった個人の意識

　このように歴史的な背景や納税制度の問題もあって、日本では半世紀以上にわたり預貯金が選好されてきたわけですが、年号が令和に変わったあたりで、金融界にドラスティックな変化が起きました。

　きっかけとなったのは、2019年に金融庁の金融審議会　市場ワーキンググループがまとめた「高齢社会における資産形成・管理」という報告書です。

　人生100年時代を見据えた資産形成を促す内容で、その中では、「年金生活者世帯では毎月平均して約5万円の支出超過が生じており、老後を20年とすれば約1300万円、30年とすれば約2000万円の取り崩しが必要となる」ことが指摘されていました。

これは、この時点での家計調査の結果をベースに30年という長期の試算をすれば上記の結果になる、だから各世帯で不足に備えた資産形成が必要だ、という意味で、特段問題視するようなものではありませんでした。事実、コロナ禍の際には外出できずに各世帯の支出が減ったため、この時のデータで試算すれば老後資金の不足は30年間でも55万円で済む計算になるのです。しかし世間ではこの下りが「公的年金だけでは老後資金が2000万円不足する」と拡大解釈され、いわゆる「**老後資金2000万円問題**」として世間を騒がせることになりました。

また、日本の年金制度は、自分が納めたものを老後に受け取る「積立方式」ではなく、現役世代の保険料で高齢者への年金の給付を賄う「**賦課方式**」を採用しています（全額ではなく、一部には税金や年金積立金が投入されています）。従って、年金額の水準は人口動態や、現役世代と高齢世代のバランスに大きく左右されます。

そうした中で、1人の女性が産む子供の数を表す指標である「合計特殊出生率」は年々減り続け、23年には1・20になりました。人口を維持するには少なくとも2・06～2・07が必要だとされています。東京都に至っては、合計特殊出生率がついに1を切って0・99になったと話題を呼びました。

厚生労働省の研究機関である国立社会保障・人口問題研究所の将来人口推計（令和5年度版）では、日本の人口は2070年には8700万人まで減少し、65歳以上の高齢者が4割近くを占めるようになると予想されています。

このように急ピッチで進む少子高齢化が年金財政を逼迫させているのは、世代を問わず、誰もが薄々と感じていたはずです。

こうした中、金融庁の報告書で「2000万円」という具体額まで出して待ったなしの年金危機を突き付けられたことで、受け取り方はややオーバーだったとしても「もう国には頼れない、自分で何とかしないと老後が大変だ」という意識変革が起きたのではないでしょうか。

ちょうど前年の18年には**つみたてNISA**（積み立て型の少額投資非課税制度）がスタートし、それまでのNISA（一般NISA）とどちらか一方が選べるようになっていたこともあり、この2000万円問題以降は、若い世代を中心に楽天証券でもつみたてNISAの利用が急増しました。

さらに24年1月からは**新NISA**がスタートし、選択制だった2つのNISAが一本化され、制度も恒久化されたため格段に利便性が向上しました**【図表5】**。この結果、楽天証券のNISA口座の開設数も爆発的に増えています。

今や「NISAに全力投資」の若い世代も

日本人は本来問題意識が強く、NISAが大きく拡充されれば「今がチャンス」とばかりに動き出せる柔軟性と行動力を備えています。中でも、若い世代のフットワークの軽さには驚かされます。

図表5 新NISAの概要

＼ 2つの枠の**併用が可能** ／

	成長投資枠	つみたて投資枠
非課税運用期間	無期限化	
非課税投資枠	年240万円	年120万円
非課税保有限度額	生涯投資枠が1800万円（うち成長投資枠は1200万円まで）	
買える商品	上場株式・投資信託等（①整理・監理銘柄②信託期間20年未満、高レバレッジ型及び毎月分配型などを除外）	積立・分散投資に適した一定の投資信託（旧つみたてNISA対象商品と同様）
備考	18歳から投資可能	

出所：楽天証券作成

一旦やると決めたら速攻で口座を開設し、生活資金を除くほとんどの資産をＮＩＳＡ口座に投入している若年層も少なくないようです。その蓄財への熱量の高さには圧倒されるばかりです。

24年7月には楽天証券の創業25周年を記念するイベントを開催し、2日間で約7000人もの方々にご来場いただいたのですが、その際のお客さま層の変化には隔世の感を禁じ得ませんでした。

これまで証券会社のセミナーにご来場くださるお客さまと言えば、シニア層の男性が圧倒的多数を占めていました。しかし、今回のイベントでは子育てファミリーや若いカップルの姿も目立ち、会場内もいつも以上ににぎやかな雰囲気になりました。

ネット上でないリアルなお客さまの姿を目の当たりにし、**「証券の民主化」**が大きく進展して

図表6 20代・30代のNISA口座での毎月の投信積み立て額

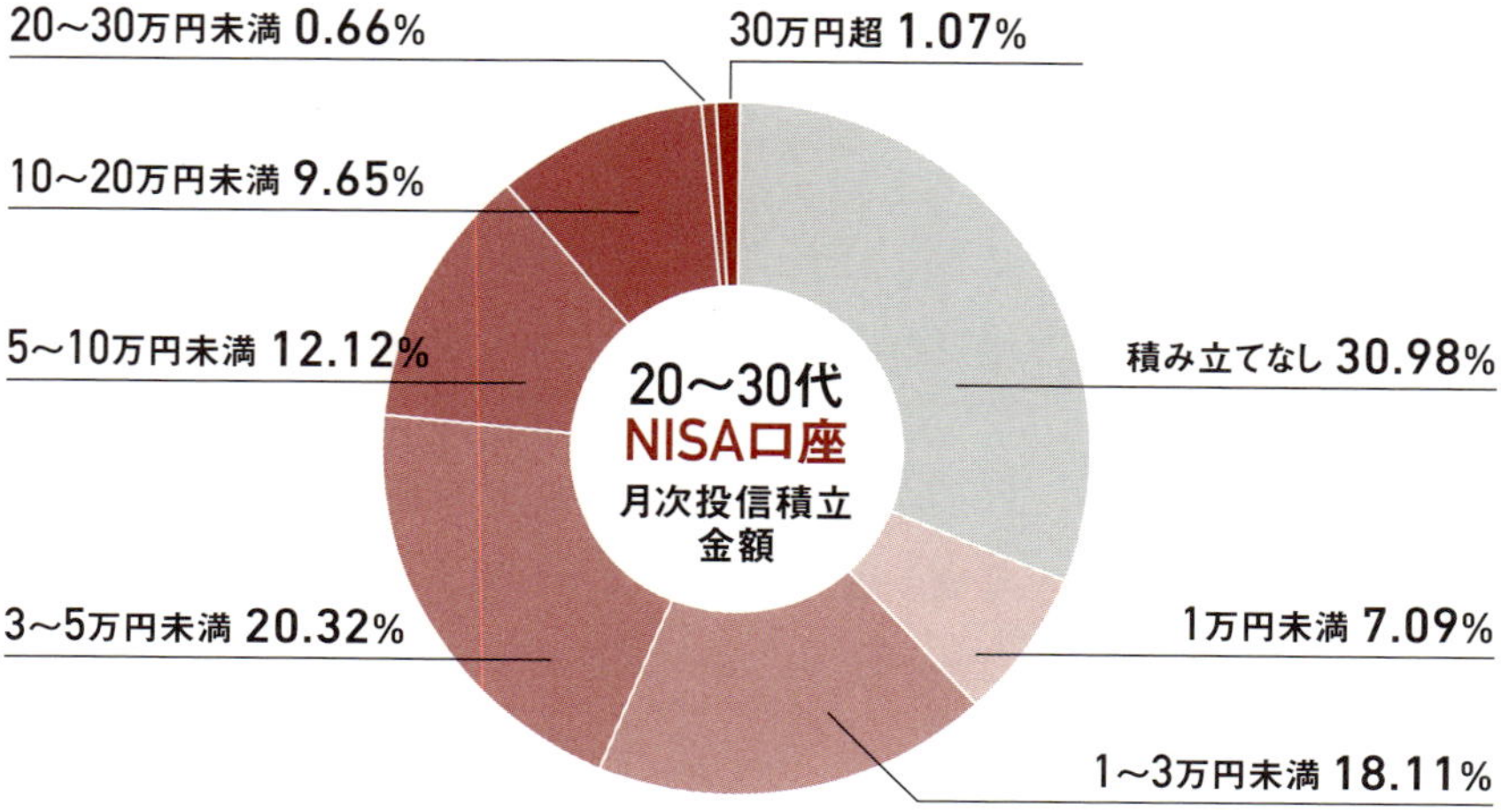

取得条件：2024年10月の投信積み立て額。分母はNISA口座設定済人数

いることを実感した次第です。

こうした分厚い個人投資家層が形成されることで、株式市場の構造も良い方向に変化していきます。その好例が米国です。

米国では手数料無料で簡単に株式が売買できる「ロビンフッド」のような投資アプリが普及し、個人の投資ビギナーが大挙して市場に参入しました。ロビンフッドだけでも、コロナショック後の３カ月で約３００万もの口座を獲得したといわれています。

個人ですから個々のロット（売買額）は小さくても、取引数が１００万単位ともなればトータルでは相当な金額に上ります。機関投資家が10社かかっても太刀打ちできないレベルです。結果、株式市場の本質的な機能である**価格形成**においても、個人の流動性がリードする形になりました。

取引が増えることでマーケットも活性化します。さらに、取引が小口化していく中で業界も効率化を求められるようになり、「市場流動性改革」も進みます。

マーケットにおける個人のプレゼンス向上を印象付ける形になったのが、コロナ禍の21年に米国市場で起こった「**ゲームストップ騒動**」でした。

ゲームストップはビデオゲーム小売りチェーンを展開する企業で、ヘッジファンドが空売りを仕掛けた同社の株式を、SNSの掲示板を通じて団結した不特定多数の個人が結託して購入し、価格をつり上げた出来事です。

この個人の大量買いで同社の株価は大きく上昇し、ヘッジファンドは大量のショート（信用取引の売り）ポジションをカバーするための買い戻しを余儀なくされ、破産に追い込まれました。

この一件は、「個人が機関投資家を打ち負かした新しい時代の象徴的な出来事」として一躍有名になりました。事件の推移を追ったノンフィクション本は映画化もされ（『ダム・マネー　ウォール街を狙え！』）、24年に公開されています。

■コロナショック時にもパニック売りはわずか1％

日本の株式市場でも既に取引の20〜25％を個人が占めており、米国同様、投資主体として無視できな

図表7　コロナショック時のパニック売り

投資区分	コロナショック時	人数	比率
株式	パニック売りなし	873,511	97.09%
	パニック売りあり	26,175	2.91%
投資信託	パニック売りなし	790,787	98.81%
	パニック売りあり	9,502	1.19%
株式または投資信託	パニック売りなし	1,390,316	98.03%
	パニック売りあり	27,876	1.97%

取得条件：全体の人数は期間開始前日（2020年2月18日）に残高ありの人。「パニック売り」の人数は期間内（2020年2月19日～2020年3月24日）に残高の3分の1以上を売却、かつ買いがなかった人

い存在になりつつあります。そうした中で私は、投資に取り組むお客さま自身の変化も感じています。分かりやすいのが、近年の急落時のお客さまの対応です。

　前述のように20年３月にはコロナショックがありましたが、24年も８月に日経平均株価が過去最大の下げ幅を記録した「**令和版ブラックマンデー**」と呼ばれる暴落局面がありました。特に８月２日の２２１６円、５日の４４５１円の下げは長く記憶に残るほど強烈で、その前の株価ピークの７月11日からの下げ幅は１万７７６６円（25・５％）にもなりました。

　相場が急落した後、積み立て投資の解約率は直前よりも若干上がりはしますが、大半のお客さまは静観の構えです。例えばコロナショック時にパニック売りで株の残高の３分の１以上を一気に売

却した人は約2・9%、投資信託に限ると約1・2%に過ぎませんでした【図表7】。逆に、株価が大きく下がったタイミングでは個人のお客さまの口座開設が一気に増え、大量の買い注文が入ったくらいです。

こうした反応を見るにつけ、いよいよリーマン・ショックの教訓が生きてきたのだな、日本のお客さまは変わったのだなとしみじみ思いました。

パニック売りは悪手だと頭では分かっていても、実際に目の前で株価がどんどん下がっていく様子を見ると、なかなか冷静ではいられないものです。それで一度は痛い思いをしたけれど、その時に学んだ経験を次に生かすという方が増えてきているのではないでしょうか。さらに、そうした方々の裾野が着実に広がってきているのを感じています。

金融教育も着実に広がってきている

日本の市場も時間をかけて成熟してきた印象ですが、背景には投資を含む金融教育の広がりがあるように思います。今は、金融機関やメディア、大学、企業、自治体などで毎日のように投資セミナーが開催されており、学びたい時に自分の関心のある内容を学ぶことができます。**IFA(資産アドバイザー)やFP(ファイナンシャルプランナー)**のような中立的な立場の専門家も増え、個人が気軽にマネープランを相談することも可能です。

学校教育の分野でも、金融教育は文部科学省の学習指導要領にも記載され、20年度に小学校、21年度には中学校、22年度からは高等学校で、「社会」や「公民」、「技術・家庭科」など既存の科目に取り込む形で授業が行われるようになっています。

24年8月には、日本銀行、全国銀行協会、日本証券業協会が共同で設立したJ-FLEC（金融経済教育推進機構）が本格稼働しています。

J-FLECの主な役割は、学校や企業、自治体など金融教育の現場に、ニーズに応じて公認会計士、司法書士などの資格を持つ講師（認定アドバイザー）を派遣することです。個人に向けても、認定アドバイザーによる有料の個別相談や無料の電話相談などを実施しています。個人にとって、投資とは決して簡単なものではないと思いますので、これらのサービスもうまく活用し、資産形成に役立てていただきたいと思います。

行動ファイナンスを知り自らの投資に生かそう

そうした中で、私がずっと注目してきたのが「**行動ファイナンス**」という経済学です。

伝統的な経済学は、個々の経済主体が常に合理的な行動を取るという前提で成り立っています。しかし、人間の行動は常に合理的というわけにはいきません。金融市場がたびたび予想外の動きをするのは、こうした**人間の非合理性**が強く影響しています。

この非合理性をベースに投資行動を考えていくのが行動ファイナンスで、簡単に言ってしまえば、経済学に心理学を融合したような新しい学問領域です。

私事ですが、シカゴ大学のビジネススクールに留学していた頃、後に行動経済学でノーベル経済学賞を受賞されたリチャード・セイラー教授に師事してきました。行動ファイナンス自体はまだメジャーな存在ではなく、経済学と心理学が組み合わさった授業で、新しい分野という評価でした。その真の重要性を認識したのは、帰国後、証券ビジネスを通してです。

楽天証券では、お客さまの許可をいただいた上で売買データなどを個人を特定しないビッグデータとして活用し、行動ファイナンスの専門家である角谷教授と分析、研究を重ねてきました。

行動ファイナンスの本場は米国ですから、米国人を対象にした研究は多数ありますが、日本人の金融行動に関する知見はほとんどありません。ですから私たち日本人特有の行動パターンや投資のクセを明らかにできれば、投資をしている方やこれから投資を始める方にとって、大変貴重な教訓になると思います。

その成果はいずれ、お客さまの資産形成に役立てていただけるような形で、お客さまに還元していきたいと考えています。

もちろん本書でも、角谷教授と楽天証券の共同調査の結果を出し惜しみせずに公開します。「理屈は分かっているのになぜパニック売りをしてしまうのか」といったことも、仕組みが理解できれば「株価の谷底で慌てて売るのだけは避けよう」と、具体的な投資行動に落とし込めるはずです。長期の資産形成において、ご自身の投資のスタイルや行動を見直す契機にしていただけたらうれしく思います。

Chapter

3

学術的「勝つ投資」の秘訣

ランダム・ウォーク理論

の教え（角谷教授）

稲妻が輝く時を逃さない

長期の株式投資で勝つ条件は一言でいうと「**稲妻が輝く時**（**市場が暴騰する時**）**に株式市場にたくさんのお金をさらす**」ことです。左ページの図は、米国の時価総額トップ500社で構成され、概《おおむ》ね米国の株式市場の平均を表すS&P500のパフォーマンスを36年間のデータに基づいて表したものです。投資のリターンは、「稲妻が輝いた」ベストの10日（検証期間全体のわずか0・1%以下です）を逃すだけで平均水準が2%以上も低下します。さらにベストの30日間を逃すと平均年率リターンは11・4%から6・4%へと、**なんと4割以上も**減ってしまいます。

問題はどの株の稲妻がいつ輝くか誰にも分からないことですが、これには**誰でもできる明確な解決策**があります。すなわち、**分散の効いたインデックスファンドを長期で保有すればよい**のです。

投資の格言で「1本の金の干し草を探し出したいのなら干し草の山をまるごと買え」、「サルが投げたタオルが覆った新聞の株価欄にある企業を全部買え」、そして「投資をしたらさっさとそのことを忘れろ」と言われるのはそのためです。そして、**それ以外の投資の秘訣もすべてこの「分散の効いたインデックスファンドを長期で保有」するために必要なことに集約**されます。

例えば**インデックスファンドは運用手数料等のコストが低いもの**を選ぶこと。コストが高いとせっかくの複利効果が低減するので、コストの安いファンドの方が長期でメリットが大きく、長期保有

図表1 1980〜2016年の間でベストの何日かを逃した場合のリターンへの影響（S&P500の例）

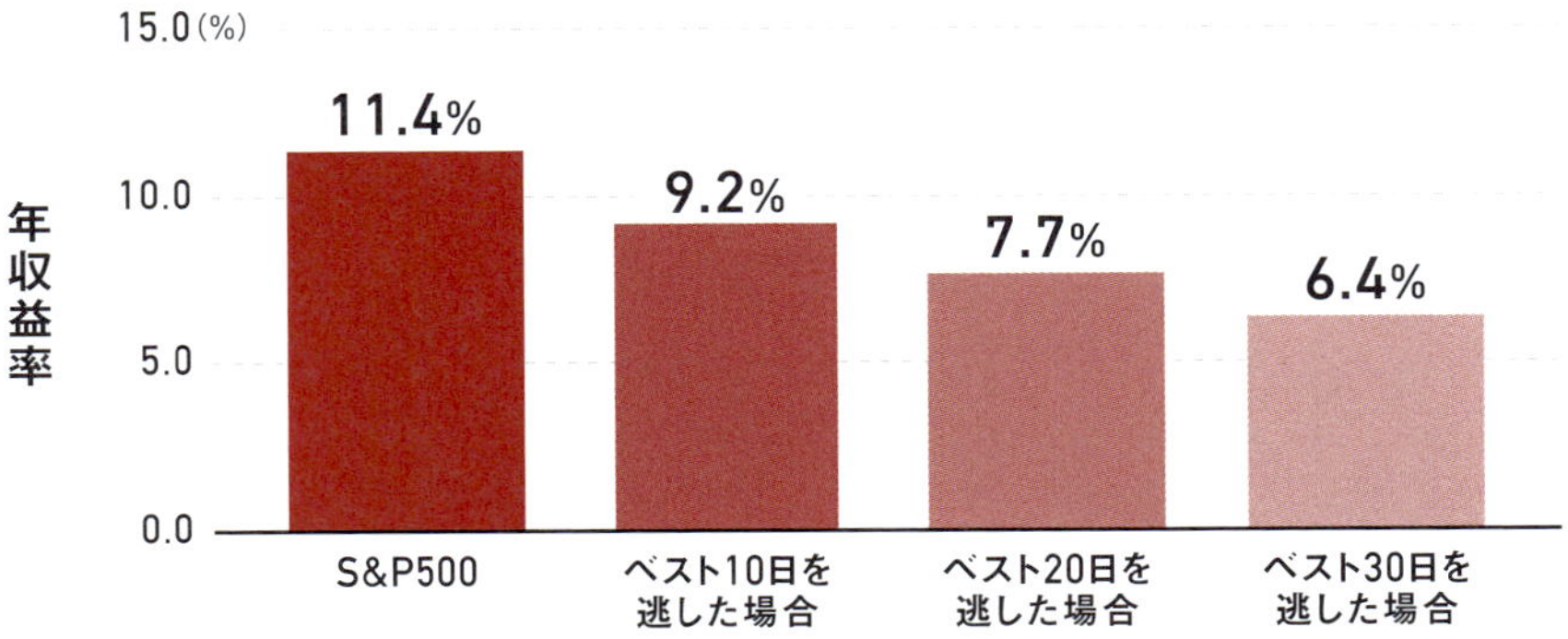

出所：チャールズ・エリス「敗者のゲーム（原著第8版）」

がしやすくなります。

また、**投資するお金は家計の余剰資金に限る**こと。生活資金を投資してしまうと思わぬ出費が必要となった際に株を売却する必要が生じ、長期保有が難しくなってしまいます。

最後に**現役世代なら積み立て投資が有効**。毎月ある程度決まった額の収入がある現役世代の人であれば、収入のうち余剰資金を積み立て設定しておけば、忘れることなく市場に常に最大額の余剰資金をさらすことができます。

投資の基本は「余剰資金で分散の効いた低コストのインデックスファンドを購入し、長期で保有」です。確かに将来は不確実で誰にも分かりません。しかし、後で詳しく述べますが、過去を巨視的に振り返れば幾度となく訪れた不況、2度の世界大戦や世界的感染症の流行等、様々なネガティブなイベントがありつつも長期で見れば株価は上昇を続けてきました。将来の不確実性を勘案しても上記の基本を覚えていれば、まず間違いがないと思います。

株価の予想ができない理由

読者の皆さんの中には「この著者は金融分野で業績のある研究者なのに、どの株がいつ上がるのかも分からないのか」とお思いの方もいらっしゃるかと思いますが、**私は自信を持って「分からない」と断言**できます。

例えば、私が企業分析をし、最近話題の半導体企業、米エヌビディアの純利益が1年後も増えるだろうと予想したとします（おそらくこの予想は当たるでしょう）。しかし、この予想をもって来年エヌビディアの株が上昇するとは言えません。現在の株価はおそらくエヌビディアの純利益が1年後に何倍にもなることを織り込んでいますので、1年後の決算でエヌビディアが前年同期比で純利益を少し増やした程度では「期待外れ」として同社の株価は暴落するでしょう。

また、決してそのようなことはできませんが、もし仮に私が1年後のエヌビディアの純利益が市場予想をどの程度上回るかを正確に当てられたとしても、株価はどうなるか分かりません。株価の決定要因は企業の純利益だけではないからです。例えば同社の決算で同時に発表される「来期の見通し」が市場の期待を下回るものであれば、決算内容が市場予想を上回ったとしても同社の株価はおそらく下がるでしょう。

念のため申し上げると、市場の予測ができない専門家は私だけではありません。事実、金融関連のレポートで頻繁に引用されるS&P Dow Jones Indicatesの「The SPIVAリサーチ（2024年6月30日版）」によると投資のプロたちによって運営されるファンドのほとんどが市場予測に失敗し、市場平均をアンダーパフォーム（下回る）しています。例えば米国では84・71％のファンドが、10年間で米国の市場平均を表すS＆P500をアンダーパフォームしていますし、日本でも10年間で80・55％のファンドが日本の市場平均を表すS＆P日本500の指数を下回っています。さらに、ヨーロッパでも92・07％のファンドが10年間で同地域を代表する指数の一つであるS＆P Europe 350に負けてしまっています。

このことはファイナンス理論でも説明ができます。ファイナンス理論の分野では長年、株価は長期の上昇とランダムな動きの組み合わせであるとする「ランダム・ウォーク理論」がその中心を占めています。ランダム・ウォーク理論は分かりやすく述べると、「株価は長期では上がる可能性が極めて高いが、短期ではランダムな動きをするので予測ができない」というものです。

これまで様々な新しい理論が生まれては、ランダム・ウォーク理論に挑む構図が繰り返されてきました。しかし、そのたびに再現性を疑問視され、ランダム・ウォーク理論を打ち倒すと言えるほどのものは、これまで現れていません。

「ランダム・ウォーク理論」は絶対正しいか？

もちろん、ランダム・ウォーク理論は万能ではありません。アカデミアでも、ランダム・ウォーク理論が想定するような効率的市場仮説には例外もあるとする主張や、過去の株価の値動きをチャートで分析し今後を予想するテクニカル分析やアノマリー（繰り返し起こる例外的な動き）を支持する一部の研究、そして米国ウォーレン・バフェット氏のような長期間市場リターンを上回る少数の投資家の存在等をランダム・ウォーク理論の反証とする主張もあります。

しかし、私はごく少数の例外的事実は認めつつも、株価の値動きに関してランダム・ウォーク理論は他のどの理論よりも長期での欠点が小さいという点で、現時点で強く支持しています。テクニカル分析や「Sell in May（株は株高になる5月に売れ）」のようなアノマリー、そして市場平均のパフォーマンスを長期間上回る少数の投資家の存在、それらはもちろんランダム・ウォーク理論の反証ですが、テクニカル分析もアノマリーもウォーレン・バフェット氏のような成功者も「長期にわたる再現性のエビデンスが弱い」という点で、「偶然性が高い」といえます。

いずれにしても、例えばサイコロ2つを振ってゾロ目が何十回も連続して出る可能性は、極めて少ないものの、ないわけではありません。そして、ごく一部の本当の例外を除けば、反証には長期のエビデンスが不足しています。このため、例外的な反証をもってそのランダム性が完璧でないとする主張を、私は一研究者としてはとても重要だと感じますが、一方で日本や米国などの先進国に投資するほとんどの個人投資家にとってはあまり有益な議論ではないと考えています。

ランダム・ウォーク理論の前提は、株価には最新の情報が織り込まれており、市場は常に効率的だとする「効率的市場仮説」です。この、少なくとも日米などの先進国市場において「かなり確からしい」前提に背を向けることは、「効率的市場仮説」が比較的及びにくい対象、すなわち、あまり注目されない小型株、ＩＰＯ株、新興国市場、テクニカルやアノマリーなどに賭けることを意味します。

実際、多くのプロ投資家たちがファンドを通じてこのような試みにより市場平均を上回る結果を出そうと努力していますが、結果は先に述べたように、ほとんどが市場平均を下回る、惨憺《さんたん》たるものです。市場の効率性に背を向けて非効率を追い求めるのですから、投資の結果も、労力がかかる割にリターンが安定しない「非効率」なものになるのだと思います。

■インデックスファンドとアクティブファンド、どちらが有利か？

また、インデックス投資の優位性の議論には運用上のコストパフォーマンスの良さも重要です。市場全体を表す指数にただ追随する受け身（パッシブ）な投資法である「インデックスファンド」の対義語は、プロが厳選した銘柄による「アクティブファンド」ですが、両者には長期で埋め難い手数料の差が生じることになります。

インデックスファンドでは大まかに述べると市場全体を表す指数の構成銘柄をそのまま買い、わずかな手数料を乗せて個人投資家等に販売されます。一方のアクティブファンドはプロが知恵を絞って銘柄を厳選するので調査や分析にコストがかかります。さらにアクティブファンドはトレンドを見極めながら銘柄を比較的頻繁に入れ替えるので、そこでも追加のコスト（手数料）がかかることになります。コストが高いとせっかくの複利効果が低減するので、アクティブファンドの運用成績は長期になるほどインデックスファンドに劣後する可能性が高くなるのです。

では、長期投資に臨むに当たり、インデックス投資の未来に死角はないのでしょうか。議論は多々ありますが、結論から言えば懸念材料は長期ではほぼないと考えられます。

まず、最初の懸念は、今後仮に「市場全体を買う」インデックス投資が株式市場のほとんどを占めるほど人気となった場合、局地的な市場のショックが市場を歪《ゆが》めることです。例えば、ある特定の企業あるいは業界でスキャンダルが発生し、マーケットに下げ圧力が生じた場合、多くの取引がインデックスファンドになれば、売られるのは特定の企業や業界ではなく「市場全体」なので、全く関係のない企業や業種の株も売られることになってしまいます。

図表2 ETF（上場投資信託）、インデックスファンド、アクティブファンドの純資産額推移

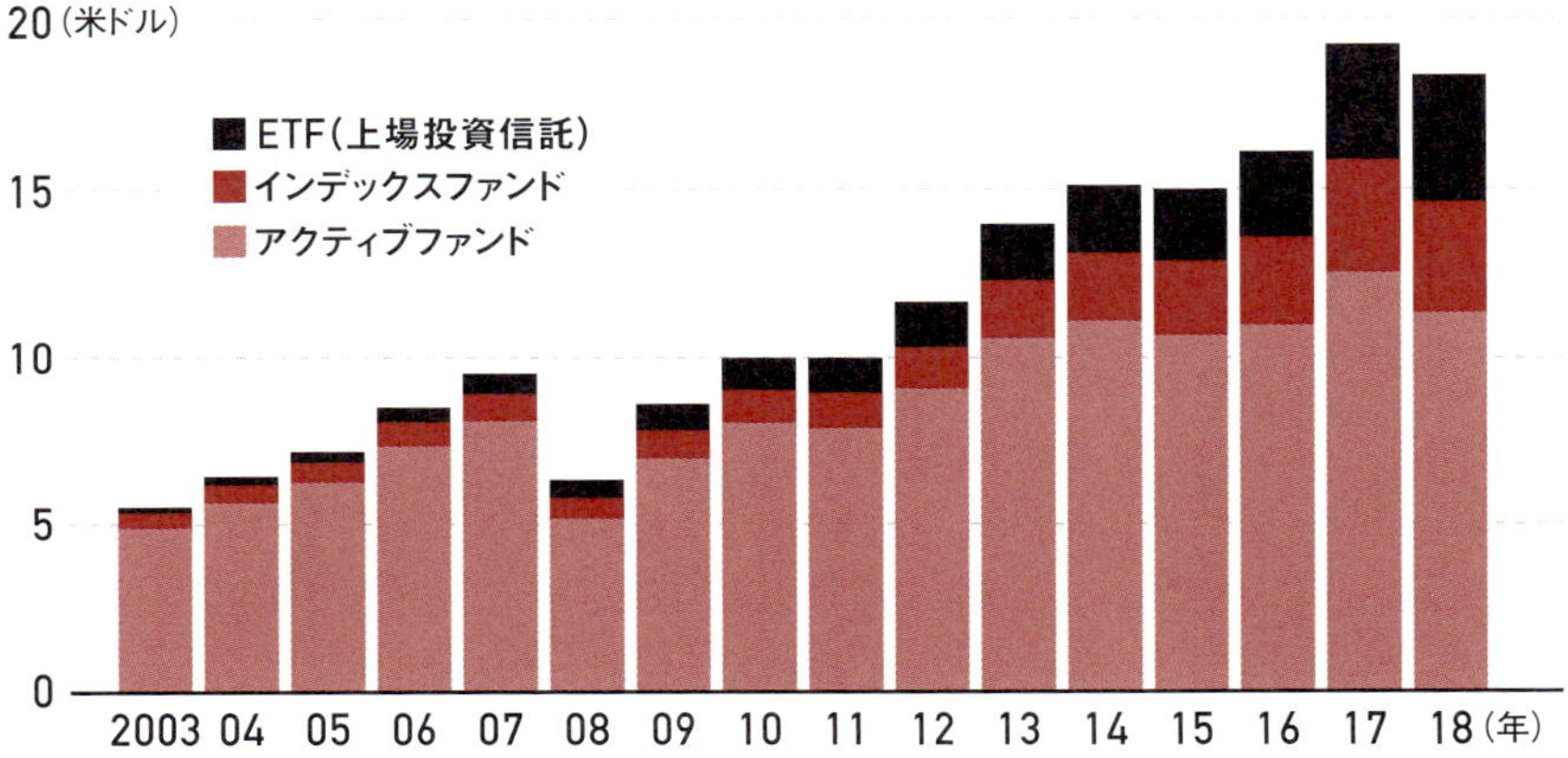

出典：Liebi, L.J.（2020）The effect of ETFs on financial markets: a literature review, Financial Markets and Portfolio Management, 34:165–178, https://doi.org/10.1007/s11408-020-00349-1

これは特定の企業あるいは業界に端を発するマーケットの上昇圧力の場合も同じで、買われるのは特定の企業あるいは業界ではなく、「市場全体」になってしまいます。しかし、この懸念は杞憂《きゆう》でしょう。もしそうなった場合や、その兆候が見られた場合、投資家は市場の歪みを利用して個別株取引やアクティブファンドの運用を加速させるに違いありません。なぜならそれが儲かるからです。

上の図はETF（上場投資信託）、インデックスファンド、アクティブファンドの純資産額の推移を表していますが、今後どんなにインデックスファンドの投資規模が大きくなっても、市場取引のほとんどをインデックスファンドが占めるような事態が訪れることはないでしょう。そしてインデックス投資の人気の高まりによって生じる短期的な歪みは、前述の個別株取引やアクティブファンドにより直ちに修正されます。言い換えればランダム・ウォーク理論の「短期的なランダムな動き」として吸収されることになるのです。

歴史が物語るランダム・ウォーク理論の妥当性

次の懸念は世界的な危機における市場効率性の低下です。2020年2〜3月の「コロナショック」時には事態の把握に時間がかかるとともに情報の錯綜《さくそう》が生じ、先進国市場の情報効率が急激に低下しました。[1] また、24年7月末から8月はじめには、それまで2年以上実質賃金が低下し続ける景気後退局面にあった日本で、一般的に景気抑制効果のある日銀の「利上げ」が突然行われたことによって市場が驚いた「ショック相場」がありました。しかし、このような事態も時間とともに修正されています。

やはり、こうしたショックによる短期的な混乱も、長期的にはランダム・ウォーク理論の「短期的なランダムな動き」といえると思われます。前述の「コロナショック」のような世界規模の混乱はこれからも起こり得るでしょう。しかし、そのことによって長期的な市場効率とそれに立脚するランダム・ウォーク理論、そしてインデックス投資の優位性が損なわれる可能性はほぼないと考えられます。

ここで少しだけ「ランダム・ウォーク理論」の歴史を振り返ってみましょう。スコットランドの植物学者ロバート・ブラウンが、花粉粒子が水に溶け込んだ際の「ランダム」な動きを数学的に表した（ブラウン運動）のが1827年。フランスの数学者ルイ・バシュリエが株価予測の確率論にブラウン運動を応用した博士論文「投機の理論」を発表したのが1900年です。

そして、後に「ランダム・ウォーク理論の生みの親」ともいわれる、当時スイス特許庁の下級技士だったアルベルト・アインシュタインがブラウン運動の「でたらめな動き」のメカニズムを解明したのが05年。米国の経済学者ユージン・ファーマが、相場が「ランダム・ウォーク」となる背景を説明する「効率的市場仮説」を提唱し、ファーマを含む多くの研究者の実証研究によってその妥当性が確認されたのが概ね60～70年代にかけてです。

また、そうした中、ランダム・ウォーク理論を一躍有名にした米国の経済学者バートン・マルキールの『ウォール街のランダム・ウォーカー』の初版が出版されたのが73年。そして当時のノーベル経済学賞学者ポール・サミュエルソンがランダム・ウォーク理論の確信を基にS&P500のインデックスファンドの創設を公に提案したのが74年[2]。経済学者チャールズ・エリスの著書『敗者のゲーム』の原型となる原稿がFinancial Analysts Journalに掲載[3]されたのが75年。そして、インデックスファンドの父・ジョン・ボーグルが世界最初の本格的なインデックスファンド[4]「ファースト・インデックス・インベストメント・トラスト（現・ヴァンガードS&P500インデックスファンド）」を世に出したのが76年の8月31日です。

ある意味で「人間の煩悩の集合体」ともいえる「株価の動き」が、花粉粒子などの「自然の動き」と本質的に同じだという主張は不思議であり、またばかげているようにも聞こえ、にわかには信じられません。私自身も大学で宇宙物理学や機械制御や植物学の研究者と一緒に食事をしながら「ランダム・ウォーク理論」が共通の話題に上がる「奇跡」に対し、いまだに信じられない気持ちになることがあります。

自然科学と異なり、経済学を含む社会科学では何十年も通用する理論というのは、実はそれほど多くありません。自然の法則が全く（あるいはごく稀にしか）変化しない一方で、移り気な人間の行動が介在する社会科学では前提条件が頻繁に変わるからです。そうした中、ランダム・ウォーク理論はとても稀有《けう》な存在です。

ポール・サミュエルソンは74年の『チャレンジ・トゥ・ジャッジメント』[5]で、市場全体を買うインデックスファンドの概念の優位性を主張した上で次のように述べています。「この事実は必然的な法則ではないが、厳然たる事実です。今やランダム・ウォーク仮説に疑問を持つ人々のコートにボールがあるのです。彼らはこの事実を覆すために、反証を提供する必要があります」。

ランダム・ウォーク理論が議論され始めてから現在まで、世界で様々な紛争、市場の混乱があり、そのたびにランダム・ウォーク理論を巡る活発な学術論争が繰り広げられました。2013年にはノーベル経済学賞を、ファンダメンタルズで株価の予想ができる可能性を模索する「反効率的市場仮説」のロバート・シラーと「効率的市場仮説のアイコン」でその有効性を訴え続けるユージン・ファーマが同時に受賞したこともありました。

そうした荒波をくぐり抜け、現在でもファイナンス理論の金字塔として君臨している「ランダム・ウォーク理論」。そしてそれをバックボーンとするのがインデックスファンドです。

今後も未知の様々な混乱が私たちの社会を襲う可能性がありますが、ランダム・ウォーク理論とそれに基づくインデックス投資の優位性が長期的に損なわれる未来は極めて想像し難いといえます。

ただ、読者の皆さんには私の主張が、長い歴史の中で豊富な学術的エビデンスによる裏付けがあるものの、「完璧」ではないランダム・ウォーク理論への支持に基づいたものだという事実は、ご留意いただきたいと思います。そして私がごく一部の並外れた天才や株式投資愛好家ではなく、(投資以外の)本業を持つ大多数の個人投資家に向けてこれを書いていることも改めてご理解いただければと思います。

最後に、「株価の動きはランダム」と言っても「株は下がった時に買い、上がった時に売るのが定石」だとお考えの、いわゆる「タイミング投資」を支持する読者の皆さんへの反論を記しておきます。確かにその考えは「それができれば苦労しない」といえるものではあります。しかし、市場の暴落がいつ来るのかは誰にも分かりません。いや、正確に言うと大昔の株式市場では、プロの投資家と一般の個人投資家の間に情報の非対称性（情報の格差）があったので、プロが個人投資家に先んじて入手した企業等の情報を使って、暴落がどこまで続くのかまでは分からないとしても、暴落の兆候が、ある程度は予測可能だった時期があったのは事実です。

しかし、インターネットが普及し、世界中の投資家がプロ・アマ問わず、企業のＩＲ（投資家向け広報）等の情報を同時に入手できるようになった現代においては、暴落の兆候を察することさえ極めて困難になりました。先に述べたようにほとんどのプロの投資家が長期では市場平均に勝てていないのがその証左です。

天才よりも勝てる「投資の秘訣」

加えてこのことは簡単なシミュレーションでも検証できます。例えば、Ａさん、Ｂさん、Ｃさんの３人の投資家が同じインデックスファンドを次のような条件で購入したとします。

・Ａさんは天才なので**毎年株価が一番暴落する日に１２０万円を一括買い**
・Ｂさんは**毎年年初に１２０万円を一括買い**
・Ｃさんは**毎月10万円を定期積み立て**

図表3 ランダムな株価チャート

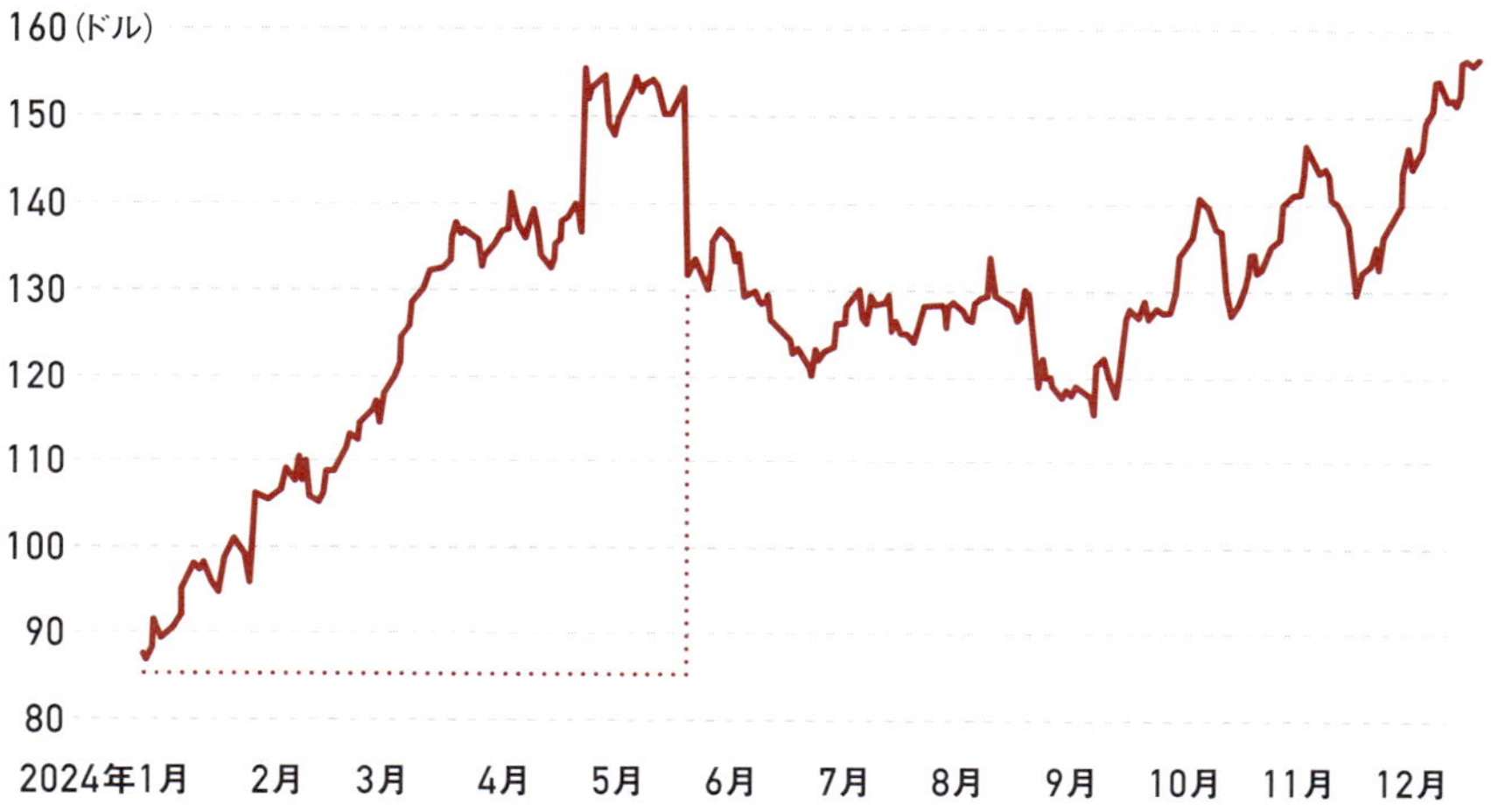

出所：角谷快彦が作成

Aさんの天才ぶりは人間離れした荒唐無稽なレベルですが、このような極端な仮定をおいてもAさんが勝てるとは限りません。AさんはBさんには勝てない可能性が高く、Cさんに負ける可能性もあります。なぜなら、株価は長期で上昇する一方で、稲妻がいつ輝くかは誰にも分からないのです。その年一番の暴落が年の後半に来る確率は50%程度あることから、市場に資金を投入している時間はAさんが一番短い可能性があり、その間に稲妻が輝くのを逃してしまう可能性があるからです。

例えば、上のチャートはランダムに生成した2024年の株価です。天才のAさんはその年一番の暴落を捉えて5月24日に120万円を一括投資しますが、これでは点線で示した1月からその

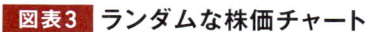

日までの上昇分を完全にとり逃がしてしまっています。このことにより天才タイミング投資家のAさんは年初一括投資のBさんには勝てません。また積み立て投資のCさんもその時までの株価上昇の波に乗れ、その後もコンスタントに上昇局面の利益を享受できる可能性が高い一方、タイミング投資家のAさんの利益は5月下旬以降からの限られたものとなります。

もちろん、常にこのような形で株価が推移するわけではありませんが、「タイミング投資」は、例えAさんのような荒唐無稽な前提を置いたとしても、結構な確率で他の投資法に負けるという事実は知っておいた方がよいでしょう。長期投資では市場に稲妻が輝く瞬間を逃した方が負けなのです。

単純明快で簡単な「投資の秘訣」についてお分かりいただけましたでしょうか。現在の効率化された市場での投資は、米国の著名投資コンサルタントで学者でもあったチャールズ・エリスが「**ミスをしない人が勝つ初心者同士のテニス**」に例えたように、少なくとも地球上のほとんどの個人投資家にとっては、**投資の秘訣から逸《そ》れないこと**が重要なのです。

80〜81ページに読者特典として、楽天証券AI・データ&ヒューマンラボの協力のもと、「パニック売り傾向チェック」を収録しました。本章紹介の「長期・分散・低コスト」のインデックス投資による資産形成の敵は、時折やって来る株価下落時のパニック売りです。あなたの長期投資の課題の把握にぜひお役立てください。「傾向チェック」の解説については、第5章で行います。

謝辞

次ページの読者特典付録「パニック売り傾向チェック」の一連の研究やウェブサイト構築に参画してくれた角谷ラボ研究メンバー、ムスタファ・カン研究員、スメート・ラル助教、トリン・グエン助教、アリユ・バワレ氏、倉本唯氏、鍋島萌花氏、そして楽天証券AI・データ＆ヒューマンラボ（以下、「楽天証券AIラボ」）の研究メンバー、本間大輝氏、吉村太海氏、深澤峻明氏。データ収集では同じく楽天証券AIラボの正田康暁所長、落合真依子氏。ウェブサイト構築には楽天証券の永田牧子氏、山内淳至氏、アプリケーション開発部の足立瑛氏、五十嵐慎吉氏、九澤俊介氏、さらに楽天証券の武田成央氏、安田由紀子氏にお世話になりました。記して深く感謝します。

本文中の注

1 Sasha, K., Madhaven, V., and Chandrashekhar, G. R.（2022）. Effect of CoVID-19 on ETF and index efficiency:evidence from an entropy-based analysis, Journal of Economics and Finance, 46, 347-359. https://link.springer.com/article/10.1007/s12197-021-09566-4

2 Samuelson, P.A.（1974）. Challenge to judgement, The Journal of Portfolio Management, 1（1）, 17-19. https://www.pm-research.com/content/iijpormgmt/1/1/17

3 https://doi.org/10.2469/faj.v31.n4.19

4 一般向けに販売された最初のインデックスファンドは1973年にレックス・シンカフィールド等が世に出したS&P500インデックスファンドだという見解もあります。ただし、同ファンドはS&P500の一部の企業を含んでおらず、ベンチマークとの乖離（かいり）が大きかったという点で不完全でした。

5 https://repository.duke.edu/dc/samuelsonpaul/pstau001153

全14問に答えるだけ!

＼やってみよう!／ かんたん

パニック売り傾向チェック

予想外なマーケットの変動に直面したとき、果たしてあなたは動揺せずに長期保有を続けられるでしょうか。楽天証券を利用している投資家35万人のデータを基に、「パニック売り傾向チェックサイト」を特設しました。

14の設問に回答するだけで、自分がパニック売りをしてしまう可能性がどれだけ潜んでいるかが分かります。

スマートフォンで2次元バーコードを読み取って診断にお進みください!

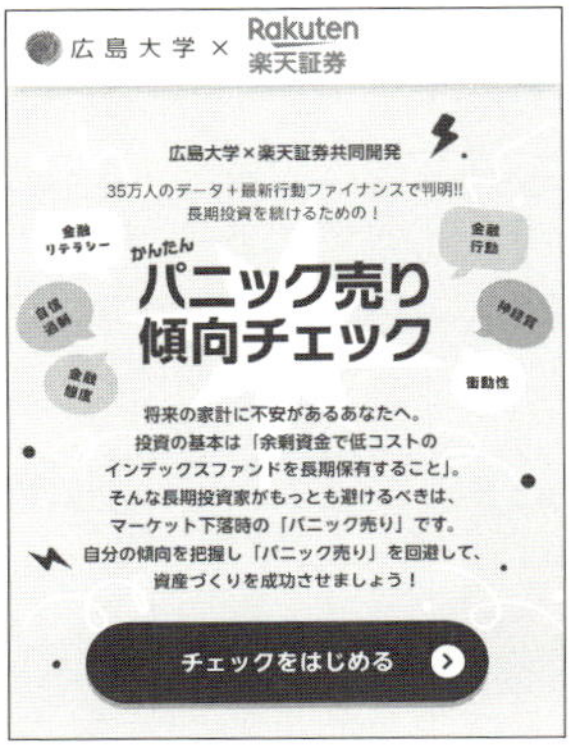

「パニック売り傾向チェックサイト」の動作保証期間は、当書籍発売日から2年を予定しています。2027年2月までは保守を行いますが、それ以降は動作保証しておりませんのでご了承ください。

●https://r10.to/investorcheck

チェックを始める

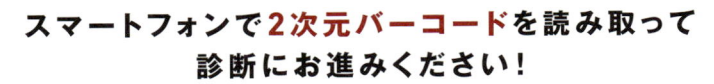

「パニック売り傾向チェックサイト」にアクセスしたら、お金に関する判断をする際、どんな行動を取りがちなのか、などを解析するための設問に、答えていきましょう。

14問回答し終わると、金融リテラシーとその他の心理的傾向において、自分がパニック売りをしやすいかどうかが分かります。

「要注意」のアラートが出たからといって、投資に向いていない、というわけではありません。自分の傾向を知ることで、今後、波乱相場に直面した際、動揺しすぎてパニック売りをしてしまわないように自覚することが大切になります。

長期投資を妨げるパニック売りの危険性を再認識して、4章以降を読み進めましょう。この傾向チェックについては、5章で解説しています。

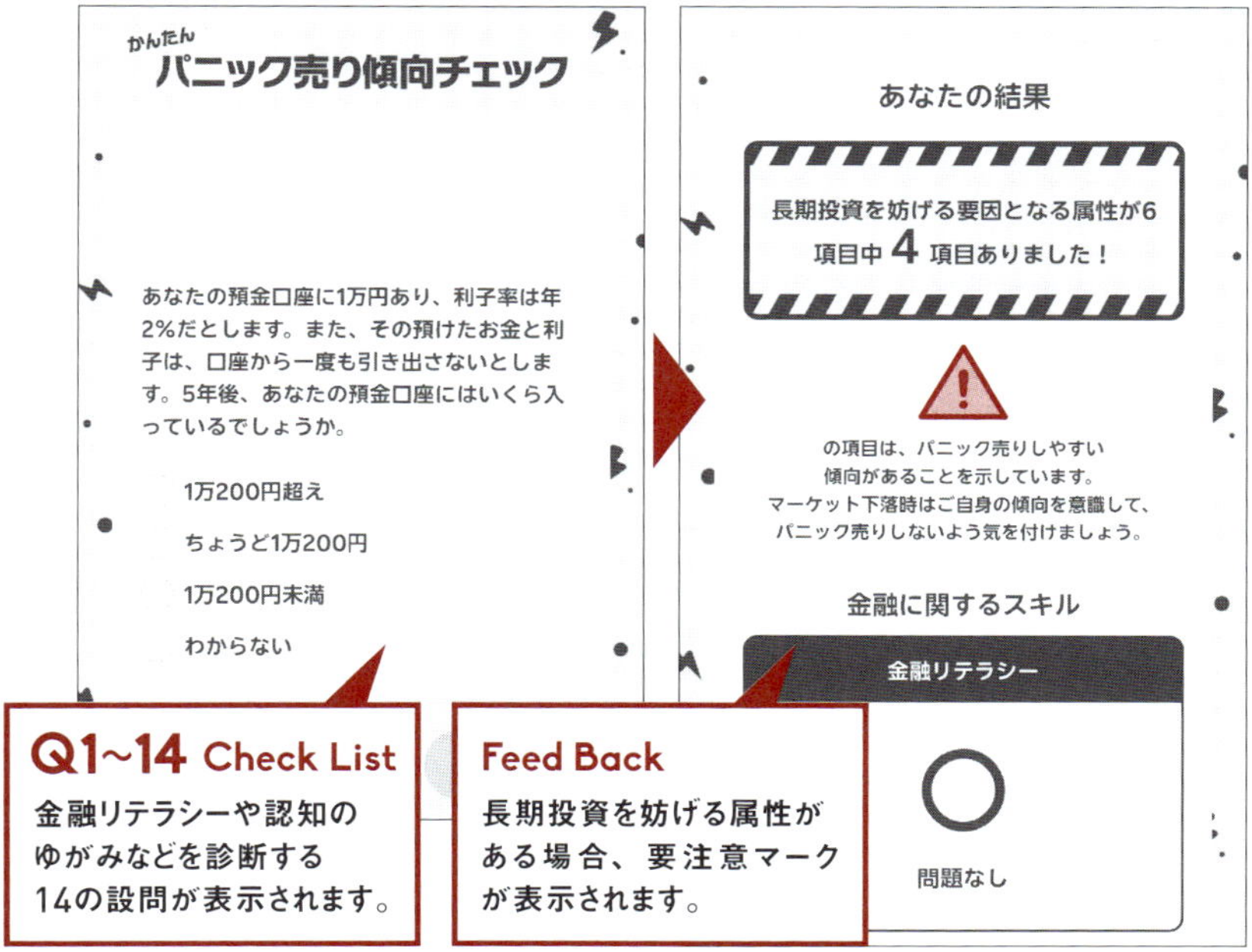

Interview

ベテラン個人投資家
えまさん

仕事・子育てで多忙でも **資産1億円超**達成

資産総額／1億円超
資産構成／75%が投資信託、6%が米国株ETFなど
家族構成／妻（本人・30代後半、会社員）、夫（40代前半、会社員）、長男（小4）、長女（3歳、保育園）、マルチーズ（保護犬）
世帯年収／800万円程度
投資歴／13年目。現在はウェブサイト、インスタグラムで情報発信

えまさんは30代後半のワーキングマザー。家族4人とワンコ1匹でにぎやかに暮らしています。世帯年収は800万円程度で普通の会社員家庭ですが、資産は既に1億円を超えています。その原動力になったのがまさに「投資」。資産構成は投資信託が75%、米国株ETFが6%など、8割以上が投資商品で占められています。投資歴は13年目。日本株の個別銘柄への投資からスタートしましたが、2018年に「つみたてNISA」を開始してからは投資信託での積み立てがメインになっています。この大転換は投資信託の魅力に目覚めたことと、積み立てなら仕事・子育て・家事という忙しい環境でもほったらかしで続けられるから。子育て世帯にとってとても参考になります。

●著書は『忙しい人ほどマネしてほしい　お金が増える暮らしのルール』（KADOKAWA）

投資信託を知らず日本株の個別銘柄から投資をスタート

私が投資を始めたのは20代前半、社会人になり数年たった頃です。学生時代はバイトで稼いだお金をブランド品や洋服、化粧品などに使い果たす浪費家タイプだったのですが、社会人になったのを機にお金の使い方を見直し、会社の説明会で知った**財形貯蓄(一般財形)**を始めたり、家計簿をつけたりするようになりました。

そんなある日、先輩社員から「投資で資産を増やしている」という話を聞いたんですね。私はもともとは堅実第一の現金主義で、祖父母の代から受け継いだ「投資は元本割れするもの、お金を捨てるようなもの」という考え方の持ち主でした。ですが当時の**預金**の金利は年0・001%で、100万円を1年預けても利息は税引き前でたった10円! だったら投資で少しでも増やしたいと興味を持ったんです。

ある程度お金がたまって投資をする余裕が出てきたところで、まず**ファンケル**(現在は上場廃止)の株を買ってみました。2011年1月のことです。選んだ理由は日頃から同社の商品を使っていたので親しみがあったのと、愛用しているクレンジングオイルが株主優待品の選択肢にあったから(笑)。投資金額も100株で約12万円と無理のない範囲だったので、仮に損失が出てもそれほど痛くはないだろうと思い、「えいやっ!」と買ってみました。ところが、2カ月後の3月に起きた東日本大震災で株式相場は大暴落。含み損を抱え、怖くて放置……という状態でしたが、結局、株価がある程度戻ったところで10万円ほどで売却しました。こうして初めての投資では少し損をしましたが、他の銘柄にも投資し、利益が出たりもしていたので面白くなり、日本株にのめりこんでいきました。

投資を日本株からスタートしたのは、実は当時、**投資信託**や**ETF**という商品の存在を知らなかったからなんです。海外の株はなんとなく怖いというイメージがあったので、身近な日本株を投資対象にしました。銘柄は**ZOZO**（当時はスタート・トゥデイ）や**日本マクドナルドホールディングス**など、有名企業で自分が情報を得やすいところを選び、利益が出たら売るというデイトレーダーのような短期売買をしていました。

ただ、このやり方だと値動きに一喜一憂して疲れるんです。目先の利益を追い求めるあまり、投資サイトの口コミで目にした「この銘柄が上がる」という情報を鵜呑《うの》みにして、大損したこともしばしば。その後、結婚して子供が産まれ、仕事と子育てをしながら株価の値動きを追うのは難しくなってきたので、中長期的な視点に立った投資法に切り替えることにしました。

知れば知るほど「投資信託はなんて素晴らしい商品なんだ！」

その際に関心を持ったのが**「つみたてNISA」**です。18年からスタートした積み立て投資に特化した少額投資非課税制度ですが、私が始めたのは少し遅めの19年4月。子供を持ってから始めたインスタグラムで、当時つみたてNISAがトレンドでした。「投資で得た利益に税金がかからないのはお得！　私もやってみよう」と思い立ったのです。そこで投資信託という商品と本格的に出合いました。そして知れば知るほど、もうなんて素晴らしい商品なんだ！と(笑)。

ずっと日本株の個別銘柄に投資してきたわけですが、1銘柄買うのにもある程度まとまったお金が必要で、その銘柄が値下がりすればダイレクトに影響を受けます。ところが投資信託は少額から始められる。資産や銘柄の分散が効いているから値動きのリスクも抑えられる。プロが運用してくれるので自分で銘柄の情報を調べる手間が省けて手軽。仕事・子育て・家事で手一杯、投資にまで時間をかけていられない私にとって、これはいいものだとすっかりはまってしまい、保有している日本株の中で利益が出ているものから順に売却し、資産を投資信託にシフトしていきました。

つみたてNISAの非課税投資枠は年40万円だったので、枠を使い切るために毎月3万3333円ずつ積み立てました。続いて夫も同額でつみたてNISAでの積み立てを開始。始めは投信ランキング上位のものの中から、米国や全世界に分散投資できる投信を中心に何本か組み合わせていましたが、後に私は**「eMAXIS Slim 米国株式(S&P500)」**に、夫は**「eMAXIS Slim 全世界株式(オール・カントリー)」**に絞りました。

この2つの投信については、夫婦とも新ＮＩＳＡの「つみたて投資枠」と「成長投資枠」の両方の年間非課税枠を目一杯使って投資を続けていて、現在わが家の資産形成の中核を成しています。どちらも海外の株式に投資する代表的なインデックスファンドです。

その後は下の表のように、ＥＴＦにも資金シフトするようになっていきました【図表1】。ＥＴＦは安い時にスポットで買っています。選んだのは米国株式に投資するＥＴＦです。つみたてＮＩＳＡの全世界株型への資産配分も6割程度は米国株なので、わが家の資産の大半は米国株に捧げていることになります。

その理由はやはり経済成長への期待です。米国株も20年2～3月のコロナショックの時には下がりましたが、その後は日本株に比べ

図表1　えまさんが保有する投資信託と米国株ETF

投資信託
eMAXIS Slim 全世界株式(オール・カントリー)
eMAXIS Slim 米国株式(S&P500)
eMAXIS Slim 先進国株式インデックス
楽天・プラス・S&P500インデックス・ファンド
iFreeNEXT インド株インデックス

メインはこの2つ

米国株ETF
VTI(バンガード・トータル・ストック・マーケット・ETF)
VOO(バンガード S&P500 ETF)
VYM(バンガード・米国高配当株式 ETF)
SPYD(SPDR®ポートフォリオS&P500®高配当株式ETF)
SPY(SPDR® S&P 500® ETF)

注：2024年9月時点

て大きく上がっていったので、日本株を売却した資金に加えて、当時資産の20%程度あった現金もかなりつぎ込みました。

2024年4月までに日本株はすべて売却

その一方で、コロナショックが起きた時には心がぶれてしまい、「株を安値で買えるチャンスでもある」と、再び日本株に手を出していました。

下がったところで買ったので後で結構な利益を出して売却できた銘柄も多いのですが、身の丈に合わずにヒヤヒヤした銘柄もあります。それが**任天堂**。任天堂はコロナ禍による巣ごもり需要もあってNintendo Switchなどのゲーム機が非常に人気化し、株価が爆上がりしていました。その勢いから業績はまだまだ伸びると思い、20年8月に勢いに任せて買ってしまったんですね。株式分割前だったので100株で478万円しました。株に500万円近い大金をつぎ込んだことは初めてです。買った途端に怖くなり、その日のうちに492万円で売却しました。利益が出たのはよかったのですが、あのヒヤヒヤ感はもう味わいたくない。こういうトレードには心底懲りました。

結局、日本株は24年4月の**ライオン**を最後にすべて売却しました。業績や財務を調べるなど手間のかかる個別株への投資は、今の暮らし方には合わないのでいったんおしまい。現在保有している投資商品は投信とETFのみで、新たな投資は前述のように、新NISAの非課税枠を使い切るということにほぼ徹しています。

現在の資産構成は上のグラフの通りで【図表2】、資産総額は1億円を突破しました。

こうして手間ひまかけずにほったらかしで、中長期的に資産を増やしていくことが今の私の投資スタイルです。なので24年8月5日に株式相場が大暴落した時にも、下がった日本株に手を出さないように株価の動きは敢えて見ないようにしていました。またうっかり任天堂みたいに身の丈に合わない銘柄を買ってもいけないですしね。

夫は投資を開始してから初めての暴落だったので、毎日株価を見てはそわそわしていました。焦って売らないように「見ない方がいいよ」と助言しましたが、幸い株価の戻りが早かったのでよか

図表2 えまさんの資産構成

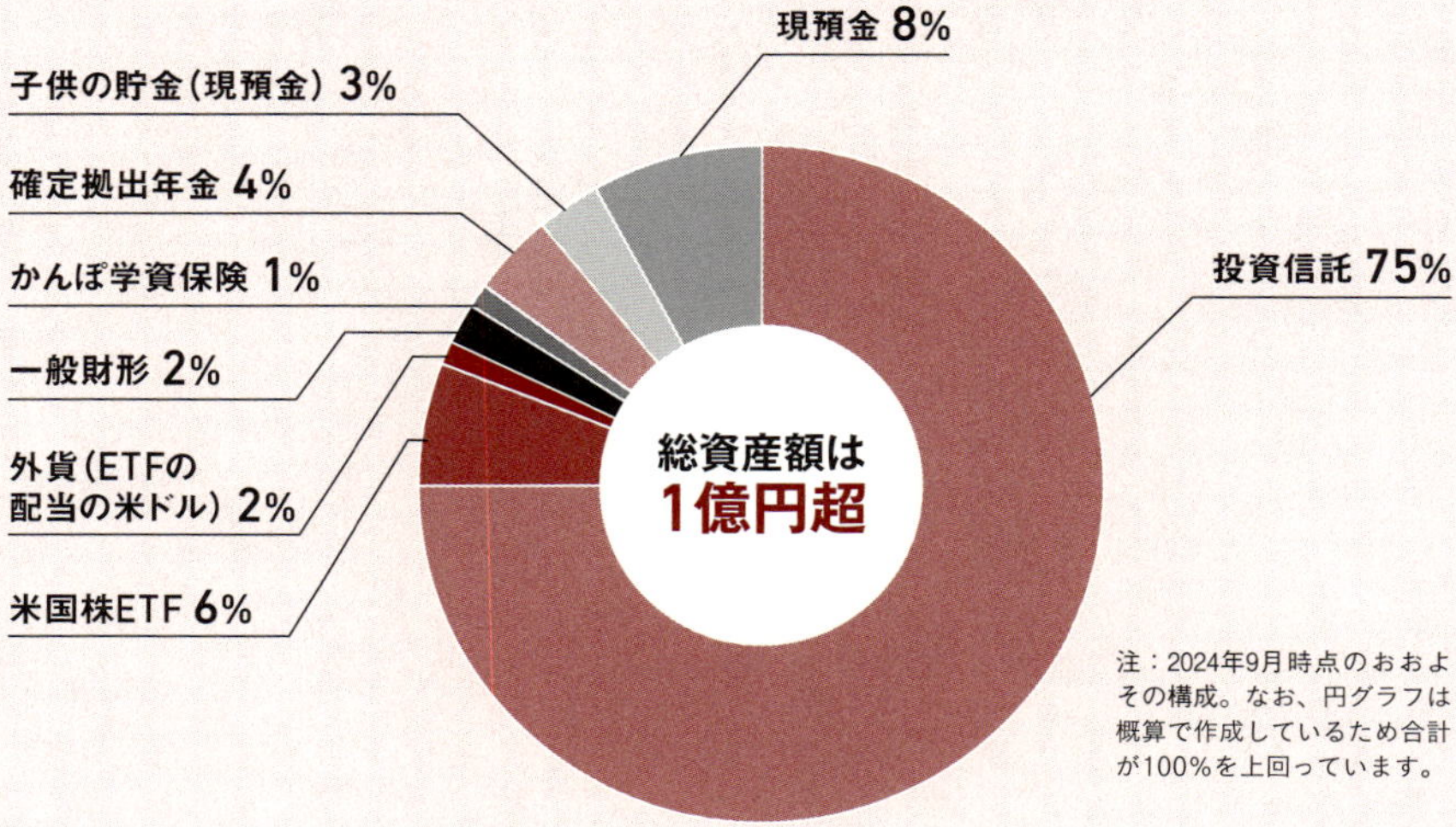

注：2024年9月時点のおおよその構成。なお、円グラフは概算で作成しているため合計が100%を上回っています。

ったです。

こんな具合なので今は投資にかける時間はごくわずか。年1回、保有銘柄の状況を確認し、信託報酬などコストの安い投信が新しく出ていないかチェックするぐらいです。投信積み立てでのほったらかし投資は本当に楽。株主優待がもらえるとか、自分の見通しが当たって投資した銘柄が上がったという楽しみは正直ないのですが、仕事と育児・家事の両立を考えると、これが一番だと納得しています。

ただ、投資信託で失敗したこともあります。先物やオプションを使って、指数の値動きより大きな利益が得られるよう設計された**「ブル・ベア型」投資信託**を買った時です。相場が読み通りに動けばいいのですが、逆の時には損失も大きくなります。ハイリスク・ハイリターンの商品ですね。私はリスクについてよく理解しないまま、リターンの大きさに引かれて4・3倍ブルという投信に手を出し、大損しました。まめに値動きを調べて短期売買しないと利益を上げるのは難しいので、ほったらかし投資には向きませんし、投信を買うなら名前の意味をよく理解してからということも学びました。

毎月の家計は夫の基本給でやりくり、貯蓄や投資は妻の給料で

わが家は共働きで、原則として夫の基本給（最近は物価高のため残業代も加えています）で毎月の家計を賄い、私の給料を貯蓄や投資に回す、というスタイルを結婚当初から取っています。お互いのボーナスは特別費として、帰省を含む旅行や家族へのプレゼントなど、年に何回かかかるまとまった金額の費目に充てています。住まいは中古マンションを購入し、クルマは持たないという選択もしました。

お金をかけないように暮らしをミニマムにするのはすごくストレスのかかることです。なので、いかにストレスを抑えて暮らしを豊かにするかということを追求しています。一点豪華主義ではないですが、バッグだけはブランド物にしてモチベーションを上げ、他は手頃な値段のものにするといったことです。

もう一つ日頃から実践しているのが「替《か》え活《かつ》」です。例えばビールの替わりに発泡酒にするなど、少し安いものに置き換えて浮いた分を貯蓄に回すといった活動です。全く我慢してゼロにするのではなく、0・5ぐらいに抑える感覚ですね。

長男が保育園に行くようになってからは、基本給でやりくりするために夫のお小遣いを減らしたり、タバコをやめるようにお願いしたり、夫にもいろいろ協力を求めました。そのせいで時には夫

婦仲が険悪になることも……。ただ、19年に夫もつみたてNISAを始めてからは投資が夫との共通の話題となり、夫婦での「マネー会議」が恒例になりました。現在、わが家の総資産は大台を超えたこともあり、今ではお金の管理を私に任せてよかったと言ってくれます。やはり資産形成は夫婦で意識を合わせながら、目標をもって取り組むことが大事だと改めて思います。

年4回の家族旅行で投資と節約のモチベーションを維持

何のために投資をしているのか、目標に関して言いますと、投資でつくったお金は将来、子供の教育費や子育て後の夫婦の海外旅行費用など、家族の幸せのために使いたいと思っています。さらに、自分自身の娯楽ややりたいことのためにも使いたいです。人生は一度きりですからね。子供の将来の進路については、投資で資金が増えてきているので公立だけでなく、私立も選択肢に加えられそうです。

投資は中長期的に継続するものなので、投資資金を捻出するために節約しながらの家計管理も続ける必要があります。そのモチベーション維持を狙って実践しているのが、短期スパンで楽しみのゴールを設定すること。具体的には家族旅行をすることで、帰省を含めて最低でも年4回は行くようにしています。東京ディズニーランドに行き、東京ディズニーリゾート提携ホテルに宿泊するなど、ちょっと贅沢な旅をすることも。費用は前述の通り特別費で予算を確保しているので気兼ねなく行けます。こうしたゴールがあると日々の節約も頑張れますし、地味な投信積み立ても続けられるわけです。

新NISAのつみたて投資枠で月1万円から始めてみては

お金が減るのが怖くて、投資への一歩をなかなか踏み出せないという人は少なくないと思います。かつての私もそうでしたし、夫もそうでした。ですが実際にチャレンジしてみたら、普通の会社員家庭でも特別なことをせずに、投資13年目で1億円超の資産を形成できたのです。私にとっては〝投資さまさま〟で、本当に夢がありますよね。

お金が増えたことはもちろんですが、投資することによって得られた情報や経験も貴重で、人生を豊かにしてくれています。ですから、リスクが怖くてもトライしてみることが大事。一歩踏み出す勇気を持ってほしいと思います。

今なら新ＮＩＳＡのつみたて投資枠で、投資信託の積み立てから始めるのが最適ではないでしょうか。金融庁も認めた、長期的な資産形成向きの低コストな投資信託の中から商品を選べます。月１００円からでも始められる金融機関もありますが、それだと値上がりしたところで利益を得た実感が得にくいので、月1万円程度からスタートしてみてはいかがでしょうか。

最初は難しく思えても、投資した商品の値動きを見ているとだんだん感覚がつかめてくるはず。そこから金額を増やしていっても遅くはないと思います。

ただし、投資は余裕資金で行うことが大前提です。家計を整理し、いざという時に備えて3～6カ月分の生活費を確保した上で、近い将来使う予定のお金とのバランスも考えながら始めるのがいいと思います。

Chapter 4

では、どうすれば成功するのか?

最強は「BUY&HOLD」

証券会社社長の私が、
個人投資家の皆さんに
伝えたいこと（楠社長）

この章では楽天証券の社長である私が日々考えていること、個人投資家の皆さんにぜひお伝えしたいことを書いてみます。特に「**長期の資産形成とトレードの違い**」については、この機会にご理解いただければと思います。

2024年1月からのNISAの恒久化、利便性向上を機に、楽天証券でも投資ビギナーのお客さまが急激に増えました。

その後2月には日経平均株価がバブル期の最高値を34年ぶりに更新し、3月には初めて4万円を超えるなど株式市場は順調に推移してきました。日本銀行も3月、約17年ぶりに政策金利を引き上げました。ところが8月初旬、「令和版ブラックマンデー」と言われる暴落が起きました。第2章でも書いたように、日経平均が1日で過去最大の4451円も下げたのです。株価は翌日にこれまた過去最大の上げ幅で回復しましたが、これは証券業界に25年以上籍を置く私でもめったに見ることのない乱高下でした。

こうなると、初めての〝市場の洗礼〟を受けたビギナーの方々はさぞ動揺されているのではないかと気をもみましたが、どうやら杞憂《きゆう》に終わったようです。当社でのパニック売りは極めて限定的でした。

株は「買って、忘れる」くらいでちょうどいい

ビギナーのお客さまには「投資には興味がないけれど、周りが皆始めているから何となく始めた」と

いう方が多いようです。普段からマーケットの動向はあまり気にせず、当社のサイトにほとんどログインもしていない方もいます。

特に最近は自分でお金を振り込まなくてもクレジットカード決済で積み立て投資ができますから、利用明細書を見て「あ、今月も1万円引き落とされているな」と、カードショッピングのような感覚で投資している方もいらっしゃるのではないでしょうか。

そういう方の場合は恐らく、購入している投資信託やETF（上場投資信託）の基準価額もほとんど見ていないように思います。「含み損が出ている」といった時価評価を気にしないのであれば、新聞やニュースで報じられている株価の大暴落も、ご自身の投資の問題に直結しないのでしょう。

とはいえ、こうした〝無関心〟は長期での資産形成（アセット・ビルディング）をしていく上では決して悪いことではありません。

長期投資の心得とされる「**Buy and Forget**」や「**Buy and Hold**」というのは、「買ったら買ったこと自体を忘れてしまいなさい」「そして長く持ち続けなさい」という意味です。株式投資でも投資信託の積み立てでも同じことで、これを20～30年続けるうちに大きな資産が形成されていくのです。

ですからビギナーのお客さまは、無意識のうちに「Buy and Hold」の投資を実践されているという見方もできます。

私の経験では、むしろ株価やマーケットの動きを頻繁にチェックしているお客さまの方が、投資がうまくいかないケースが多いように思えます。

明確な投資方針を持ってデイトレードをされている方は別ですが、そうでない場合は昨今のようなマーケットの激しい動きに対応できず、中途半端な行動を取ってしまうケースが散見されます。ご自身の投資に明確なポリシーがなかったり、本来の仕事が忙しかったりして売買のタイミングがうまく計れないのでしょう。さらに、失敗するとそれを後々まで引きずってしまい、結果として損を抱え込んでしまう人もいるようです。

長期投資とトレードをしっかり区別する

長期での資産形成と短期のトレードは全く別物です。重要なのは、運用する際は両者をしっかり切り分けて考えていく必要があるということです。

資産形成の基本になるのは、あくまで投資信託や株式を使った長期投資です。短期や中期の売買で利益を上げることを目的とするのではなく、長期的な視点から時間を味方に付けた投資を行い、日本や世界の経済成長の果実を享受していくという考え方です。

ライフスタイルが変化していく中で、住宅資金や教育資金などの必要に応じて積み立てた資産の一部を売却することはあるかもしれませんが、基本は「Buy and Hold」です。

これに対し、トレードは短期的な利益の確保を目指して、頻繁に売買を行うことです。トレードの投資対象は株式、**FX(外国為替証拠金)取引**、**暗号資産**などになり、投資信託であれば短期のマーケットを見ながら売買する**ブル・ベアファンド**(株価先物やオプション取引を組み込み、指数が1変動すると基準価額が2〜4倍上下するようなファンド)などが挙げられます。

その時々に株式市場で話題になっているテーマに着目し、関連銘柄に投資する「**テーマ型ファンド**」というものがありますが、これもトレード向きの商品ではないかと思います。基準価額がパッと上がってもうかっているうちに売却しないと、世間に注目されなくなり値下がりしてしまうからです。実際、これまでも多くのテーマ型ファンドが出ては比較的短期で消えていきました。

トレードはあくまで、将来のため、生活のために確保すべきコア(中心)の資産を保有した上で、資産の一部の余裕資金で行うものです。トレード志向が強い方であっても、資産形成においては長期投資が軸足であるべきだと考えています。

これから資産形成を始めようという20〜30代の方ならなおさらで、まずは長期的な視点から、老後に向けてコアの資産を確保しておく必要があります。その上で、余裕資金があってマーケットで短期売買もしてみたいという方なら、トレードに挑戦するのがいいのではないでしょうか。

図表1　投信の積み立てデビュー年ごとの投資成績がプラスの人の割合

投信の積み立てデビュー年	投資成績がプラスリターンの人の割合
2014年	92.94%
2015年	95.08%
2016年	97.69%
2017年	97.97%
2018年	99.27%
2019年	99.06%
2020年	99.42%
2021年	99.47%
2022年	99.95%
2023年	99.91%

条件：①各年に投信の積み立てを始めた人について、デビュー翌年1月から2024年10月末までの投資成績。例えば、14年にデビューした人は15年1月から24年10月までの投資成績。②24年10月末時点で投信残高ありの人のみを抽出。③投資成績は実現損益と評価損益を含む。出典：楽天証券の各種データを基に楽天証券AI・データ＆ヒューマンラボが作成

「Buy and Hold」を基本とする長期投資の考え方は、「Buy and Sell」を繰り返すトレードの考え方とは全く逆です。問題なのは、両者を一緒くたにしてしまっている方がかなり多いことです。例えば、「どの銘柄がお勧めですか？」という質問には「どの銘柄が値上がりしますか？」というニュアンスが含まれています。つまり、これは短中期的な利益の確保を想定したトレード的な発想だといえます。

目先の相場環境が良ければ、積極的に売買して利益を出すことが重要だと考える方は少なくないでしょう。しかし、長期の資産形成というスタンスだと違ってきます。むしろ、目先のアップダウンに一喜一憂せず、多少のショックがあっても「軽々に動かない」ことの方が重要なのです。

当社のお客さまの投資信託の積み立てを始めた年ごとの成績を見てみると、実に9割以上の方が

プラスになっていますね【図表1】。これはまさに積み立て投資の正しさを物語ってくれていると思います。

長期投資では「低コスト」が第一のポイントに

先ほど「どの銘柄がお勧めですか?」というのはトレード的な考え方だと言いましたが、だからといって長期投資なら投資先は何でもいいわけではありません。

働きながら長期投資していく場合、第一の候補は手間がかからない「**投資信託の積み立て**」になります。投資信託では持っている間中、**信託報酬**(運用管理費用)という手数料がかかります。運用期間が20~30年の長期になると、信託報酬のわずかな差も大きなリターンの差になってきますので、「なるべく信託報酬の低いものを選ぶ」のが定石です。

投資信託には「**アクティブファンド**」と「**インデックスファンド**」の2種類があります。アクティブファンドはファンドマネジャーという専門家が組み入れ銘柄を選んだり入れ替えたりして高い運用成績を目指すもので、運用のうまいファンドでは市場平均を超えるリターンが期待できますが、コストはどうしても高くなります。

一方のインデックスファンドは機械的な運用で日経平均株価などの指数に連動することを狙うので、アクティブファンドより低コストですが、運用成績は市場平均を超えることはありません。

図表2 インデックスファンドとアクティブファンドの信託報酬の例

インデックスファンド	管理費用※	純資産額
eMAXIS Slim 米国株式(S&P500)	0.09372%	6兆5155億円
eMAXIS Slim 全世界株式(オール・カントリー)	0.05775%	5兆995億円
楽天・プラス・S&P500インデックス・ファンド	0.077%	4135億円
楽天・プラス・オールカントリー株式インデックス・ファンド	0.0561%	2822億円
楽天・全米株式インデックス・ファンド	0.162%	1兆8537億円

アクティブファンド	管理費用※	純資産額
インベスコ 世界厳選株式オープン【為替ヘッジなし】(毎月決算型)	1.903%	1兆7733億円
野村PIMCO・世界インカム戦略ファンド Bコース	1.848%	1080億円
アライアンス・バーンスタイン・米国成長株投信Dコース 毎月決算型【為替ヘッジなし】(予想分配金提示型)	1.727%	3兆3996億円
フィデリティ・USリート・ファンドB【為替ヘッジなし】	1.54%	7930億円

※管理費用には信託報酬含む
出所:楽天証券サイトから編集部作成。2024年12月30日時点

近年、インデックスファンドでは運用会社間で低コスト化競争が起こっており、全世界の株式に広く投資する「世界株インデックスファンド」でも信託報酬は0・05775%など、驚くほど低くなっています【図表2】。1本持つだけで国内外の様々な資産に分散投資できる長所もあるため、投資信託を長期に積み立てていく場合は、こうした低コストのインデックスファンドが有力な選択肢になります。

ただし、NISAの対象になっている投資信託は「つみたて投資枠」で293本(24年10月24日時点)、「成長投資枠」で1993本(同10月25日時点)にも上ります。中には前述のテーマ型ファンドのように、必ずしも長期投資向きではないものも含まれますから、積み立ての設定をする前に十分吟味する必要があります。

「過去の運用実績」も必ず見ておきたい

その際に参考になるのが**「トラックレコード」**、つまりその投資信託の過去の運用実績です。トラックレコードは、当社や投資信託の運用会社のウェブサイトなどで簡単に確認できます。

この場合、どうしても1年、3年、5年など各期間での騰落率（リターン）に目が行きがちです。数字が大きいほど高い運用成績を上げてきたという意味で分かりやすく、それももちろん重要なのですが、それ以外の項目もチェックしておく必要があります。

例えばインデックスファンドであれば、**トラッキングエラー**や**純資産総額**の増え方も重要です。トラッキングエラーとは、ファンドの収益や値動きが、ベンチマークとなる指数とどれだけ乖離《かいり》していたかを標準偏差で表したものです。数値が小さいほど指数との乖離が少なく、上手に運用できていたことになります**【図表3、次ページ】**。

一方の純資産総額はファンドの規模や運用状況を表すもので、毎日の基準価額の推移を示したチャートに一緒に表示されているのが普通です。

純資産の安定した増加は、投資家の資金が順調に流入を続けていて、組み入れている株や債券などの資産からも着実に収益が上がっていることを意味します。投資信託では急激な資金流入や解約があると

図表3 トラックレコードはここで見る

パフォーマンス	6カ月	1年	3年	5年
リターン（年率）	21.43	37.79	16.90	19.39
リターン（年率）楽天証券分類平均	18.62	35.07	9.28	15.11
リターン（期間）	10.20	37.79	59.73	142.59
リターン（期間）楽天証券分類平均	8.92	35.07	30.52	102.13
リスク（年率）	16.12	14.17	16.78	20.08
リスク（年率）楽天証券分類平均	16.30	14.63	18.19	20.33
ベータ（β）	0.98	0.95	0.89	0.96
相関係数	0.99	0.98	0.97	0.97
アルファ（α）	2.31	1.93	6.50	3.63
トラッキングエラー（TE）	2.53	2.96	4.62	4.90
シャープレシオ（SR）	1.27	2.33	1.01	0.99
インフォメーションレシオ（IR）	0.91	0.65	1.41	0.74

出所：楽天証券サイトの投資信託コーナーの「リスクリターン（税引前）詳細」の画面。あるインデックスファンドの例

運用が難しくなるので、純資産は「右肩上がり」でゆったり増えているのが望ましいといえます。

テーマ型ファンドなどでは、販売会社が一気に販売して、ブームが去ると他ファンドへの乗り換えを促しているものもあります。純資産が極端に小さくなると、「繰り上げ償還」といってあらかじめ決まっていた期間の前にそのファンドの運用が終わってしまう恐れもあります。

ただし、こうしたトラックレコードに関して、日本の投資信託には難しい面もあります。それは日本の投資信託には比較的新しいものが多く、半数以上はトラックレコードが5年程度しかないということです。

楽天証券のファンドアナリストは「長期投資だと20～30年の保有が前提になるのに、これでは本当に投資に値する商品なのかどうか、判断しづら

い」と嘆いています。20〜30年の〝賞味期限〟が担保される商品なのかどうか、一定のサイクルは見ておかないと、自信を持ってお客さまに紹介できないというわけです。

NISAという制度を作り、国を挙げて長期投資を推奨しているにもかかわらず、重要な運用手段となる投資信託のトラックレコードがせいぜい5年しかない。これは大変由々しき問題ではないでしょうか。さらに厄介なのは、関係者の誰一人としてその問題を顕在化しようとしていないことです。

「長寿ファンド」「独立系ファンド」にも注目

では、10年、20年と安定的に運用されている投資信託はないのかと言うと、そんなことはありません。隠れたロングセラー商品は、数こそ多くないけれども確実に存在します。こういったアクティブ型の長寿ファンドには一定数の投資家がついていますから、運用チームは投資信託会社の中でも大事に扱われ、運用を継続することができています。

こうした投資信託のファンドマネジャーは、対象企業を丁寧にウオッチしながら、目先でブレない投資をしています。人によっては、それこそ、ファンドの運用に人生をかけているように見えます。定期的な人事異動でファンドマネジャーがころころ変わるようなファンドとはわけが違うのです。

このように「長期でコミットするファンドマネジャーだから信じられる」、あるいは「そういったファンドを応援したい」と思う方なら、ロングセラーのアクティブファンドを探して投資するのも一つの選択肢になるでしょう。

長期の資産形成を考えた時、アクティブファンドはインデックスファンドに劣後すると考えられがちです。事実、直近10年のトラックレコードを見た時に、株価指数を上回る成績を上げているアクティブファンドは日本には2～3割しかありません。アクティブと言いながら、組み入れ銘柄を見るとほとんどインデックスと変わらなくなっている「隠れインデックス」もあります。それならば、売買手数料が無料（**ノーロード**）で、信託報酬も安いインデックスファンドで十分ではないかというわけです。

しかし、一口にアクティブファンドと言っても中身は玉石混交で、中には先ほど指摘したように長期投資に適したものもあるのです。

株式投資の教科書的な本にはよく、「自分が応援したい企業に投資しよう！」と書いてあります。例えば、非常にユニークなサービスを提供しているとか、自分が長く愛用している商品のメーカーだとか、応援したい理由はいろいろあるでしょう。

しかし、こうした選び方だと、その企業で確固とした方針の下にサステナブルな経営が行われているのか、ガバナンス（企業統治）が機能しているのかといった、長期投資において非常に重要なポイントが曖昧になってしまいます。ならば、そこをしっかり見てくれる専門のファンドマネジャーに任せた方がはるかに効率的です。

そうした見地からお勧めしたいものの一つが、ファンドの〝顔〟とも言うべきファンドマネジャーが存在して、長期にわたってコミットしている**「独立系ファンド」**です。一般的に投資信託は、販売会社である証券会社とひも付いた形で存在する運用会社で設定、運用されます。しかし独立系ファンドの運用会社は特定の証券会社との関係は持たず、主に自社で直販する形を取ります（複数の証券会社と提携して販路を広げる独立系ファンドもあります。また、ファンドマネジャーが自ら独立して、自らの信じるところに従って運用しています）。自分の資金もそこに入れて運用するなど、全責任を負って運用しています。

こうしたファンドは他社とは明確に差別化された独自の投資目線を持っていて、経営をシビアに見極めた上で、数十銘柄に集中投資をしています。そうした投資哲学に共感するファンも多いため、資金流入が安定しているのも安心材料の一つです。

またこれらの独立系ファンドは投資のバックデータもほぼすべてオープンにしています。独立系に限らず、ほとんどの投資信託は**「目論見書」**を見れば組み入れの上位銘柄が開示されていますので、共感できる独立系ファンドの投資先を調べ、それを手掛かりに個別株投資の検討をしてみる（自分でも同じ株を調べて買ってみる）というのもアリではないかと思います。

インデックス運用の広がりには弊害も

インデックス運用の長所はこれまで角谷教授が解説してくださった通りですが、金融大国の米国では、インデックスファンド市場が巨大化したことで一部弊害が出てきているといった指摘もあります。

多くの株価指数は、平均株価に時価総額の大小を加味した「時価総額加重方式」で算出されています。投資信託によるインデックス運用が増えると、時価総額の大きい銘柄ほどたくさん買われて割高になり、時価総額の小さい銘柄はあまり買われず割安なまま放置されるので二極化が進み、市場のゆがみが拡大していきます。また、経営に問題があり本来は株式市場から撤退するべき企業も、株価指数に組み入れられることで投資信託やＥＴＦを通じた買いが入り、延命してしまうという問題もあるのです。

株価というのは本来、様々な利害関係を持つ投資家が市場に集まる中で形成されていくものです。インデックスファンドはその株価に連動することを目指しているわけですが、連動する側だけが極端に大きくなることで市場全体にゆがみを生じさせてしまっているわけです。俗に「しっぽが全体を振り回す」と言われるのはこのことです。その裏をかくような形でアクティブファンドがリターンを上げてきているとも聞きます。インデックスファンドには低コストや分散投資になるなど長所も多いのですが、一方でこうした問題を生んでいることは意識しておいた方がいいと思います。

私自身の投資信託の選び方は

ちなみに、私は30本近い投資信託を保有していますが、アクティブファンド、インデックスファンドのどちらかに偏ることなく、両方を取り交ぜています。外国株で運用するもの、国内株で運用するものなど運用対象のバランスにも配慮しています。

実は、本数が多いのには理由があります。きっかけは、当社で投資信託の積み立てサービスをリリースした際に、システムに問題がないか、運用中に不具合が起こらないかといったチェックも兼ねて、自分でも積み立てをやってみようと思い立ったことでした。楽天証券の積み立ては、毎月1～28日の間で任意の日付を選べます。そこで、1日から28日まで、毎日1本ずつ積み立てを始めたのです。せっかくなので、投資先は毎日違う投資信託を選びました。

積み立てを始めたのはリーマン・ショック後で、株式市場の暗黒時代でした。その後、東日本大震災で株価が大きく下がり、投資信託の基準価額も下がって含み損が拡大した時もありましたが、そのまま放っておいたら、アベノミクス以降に軒並み値上がりしてきました。毎回同じ額を投資しているので暴落時には多くの口数が買え、相場が回復するとそれらが一斉に値上がりしてくれるからです（このような、毎回一定の額で定期的に商品を買っていく方法を**ドルコスト平均法**と言います）。「これはいいぞ！」と思い、途中で積み立て額の増額もしました。24年に入ってからも大きく値上がりして、今はそれなりの資産額になっています。

自分自身も積み立てを実践したことで、積み立てサービスを利用してくださっているお客さまの気持ちも少しは理解できたように思います。

株式市場が上昇してくると積み立ての評価額もバーンと上がって、モチベーションが高まります。一方、株価急落時には逆になるので全く動揺がなかったわけではありませんが、「今月はその分たくさん買えるから、まぁいいか」と比較的冷静でいられました。これがもし一括購入した株式だったら下落時に損切りしていたかもしれず、このあたりは積み立て投資ならではのメリットといえそうです。

株式投資では結構失敗も……

ただ、私は個別株の投資では失敗もしています。意外に思われるかもしれませんが、証券会社の社長だから株式投資がうまいとは限らないのです（笑）。

私が楽天証券に入社したミレニアムの頃には、「お客さまと同じような体験をするのも勉強になるだろう」と思い、米国や日本の個別株をぼちぼち買っていました。

アマゾン・ドット・コムもその一つです。ＩＴバブル崩壊の前に購入し、当初は順調に株価が上がっていたのですが、ＩＴバブル崩壊で急落し、売ってしまいました。振り返れば、２０００年代に購入した株式ではほとんど損を出しています。

証券業界のルールで、証券会社の役職員は有価証券の取引が制限されます。当社では投資信託の売買は自由ですが、株式の個別銘柄については社内規定があり、購入してから役員は3カ月、社員は1カ月の間、売却が禁止されています。しかも売買の都度、会社の承認が必要です。

いわばインサイダー取引や短期売買を防止するための自主規制なのですが、私の場合、これが逆に奏功した経験もあります。最近ですと、22年に購入した米テスラ株の取引がそうでした。

テスラはもともと**ボラティリティー**（価格の変動性）が非常に高い銘柄ですが、22年の年末からぐんぐん下がり出して、23年の年初には一時、購入時の半値ほどになってしまいました。しかし、社内規定があるので売るに売れないため、開き直ってそのままにしておきました。すると、また株価がぐんと上がって、3カ月の取引制限が明けたタイミングで無事に売却することができました。

どうにかぎりぎりの利益も出ましたが、もうこんな思いはこりごりだと思い、以降は値動きの激しい銘柄を避け、安定して持っていられる銘柄に絞って投資しています。

他に金ETFを購入したりもしていますが、私の場合、日々の業務に追われてろくに相場を見る時間がないこともあって、まさに「Buy and Hold」、言葉を変えれば「ほったらかし」です。

私からのアドバイス「投資は1日でも早く始める」

こういった自分の経験から読者の皆さんにアドバイスするとしたら、投資においては「**時間を味方につけること**」と「**習慣化**（仕組み化）」が重要になるので、思い立ったら1日でも早く始める方がいいということです。

NISAも23年までは5年（一般NISA）、20年（つみたてNISA）という非課税運用期間が決まっていて、30歳でつみたてNISAを始めたとすると、50歳で一旦区切りをつける必要がありました。しかし、24年の新NISA以降は生涯にわたって非課税で運用できるようになっていますから、ご自身のライフスタイルに合わせてゴールを自由に設定することが可能です【図表4】。

投資では**複利効果**を生かすことも重要です。雪だるまを転がしていくと次第に大きくなるように、運用して収益が出たらそれを元本に加えて再投資して、時間をかけて増やしていくのです。この複利効果は運用期間が長いほど大きくなりますから、最初に投資できる額が少なくても、時間をかけることで大きな資産を築いていけます。逆にもし投資で失敗したとしても、スタートが早ければリカバリーする

図表4 2023年までの旧NISAと2024年に始まった新NISAの違い

	旧NISA		2024年1月以降の新NISA 変更1　NISAが1本化	
	つみたて	一般	つみたて投資枠	＋ 成長投資枠
年間投資枠	40万円	120万円	変更2　投資上限金額が拡充 120万円	240万円
非課税保有限度額	最大800万円	最大600万円	1800万円（買付残高ベース） ※うち成長投資枠は1200万円 ※売却すると投資枠は翌年以降に再利用可能	
非課税保有期間	20年間	5年間	変更3　非課税期間が無制限に 無制限	
口座開設	2023年まで		いつでも可能	

出所：楽天証券

時間が取れるのです。

ビギナーの方は、最初はNISA口座のつみたて投資枠で、信託報酬の安いインデックスファンドを毎月積み立て購入していくのがいいのではないでしょうか。最初に手続きをすれば、後は自動的に毎月一定額が投資されていきますので手間もかかりません。

20代の方だと、家賃や奨学金の返済で家計に余裕がないという方も少なくないと思います。そこは無理や背伸びをせず、毎月確実に積み立てていける金額を設定しましょう。まずは投資を習慣化することが大切です。

そして、何度も申し上げているように「Buy and Hold」の精神で、目先の相場動向に左右されることなく投資を継続していくこと。それに尽きます。

ネット証券の社長として今後何を目指すのか

楽天証券は楽天グループの一角を占める証券会社です。楽天グループは個人のお客さまに向けた巨大ECサイトを運営していますが、投資商品というのはその中でも最も複雑怪奇で、分かりづらい商材の一つだと思います。損得が絡んでくるので、取り扱いの難易度も高くなります。お客さまからしても服や食料品のように気軽に買えるようなものではなく、とっつきにくい印象がありますから、サイトにアクセスしてくださる方の数も限られてきます。

しかし第2章でも見たように、世の中が「経済的な安定や老後の安心のために、そうした難易度の高い商品もうまく活用して長期で資産形成していこう」という流れになってきています。私たちもそこでどうすればお客さまのお役に立てるのか、様々なサービスを手探りで進めている状態です。それは、既存の証券会社の業務の延長というより、ほぼ新しいビジネスです。

新NISAがスタートする直前の23年10月には、日本株の取引手数料が無料になる「**ゼロコース**」を開設しました。そもそも我々は、低コストで金融商品を提供するネット証券です。安価な手数料など、お客さまにとって、なるべく低い投資コストのサービスを提供することを第一としてきました。手数料無料化はその最終地点にある施策として、創業時から意識にありました。

どの証券会社も同じだと思いますが、日本株の取引手数料は営業収入の中で少なからぬウエートを占めています。そこを無料にするには大変厳しい決断を強いられましたが、経営判断でゴーサインを出しました。ここで踏み切らなければ、証券会社として将来選ばれない存在になってしまう、という思いがあったからです。

米国では日本に先駆け、19年ごろから取引手数料の無料化競争が始まり、その波に乗れなかったネット証券が淘汰されていきました。一方で、ロビンフッドのような取引無料で使いやすいアプリサービスも誕生し、「ロビンフッター」と呼ばれる投資ビギナーたちが市場を席巻するに至りました。

おかげさまでゼロコースは私たちの予想を上回るペースでご加入をいただいており、日本の市場も米国のような新しいステージに入ったことを実感しています。角谷教授からも「手数料無料化により『お客さまに売買をさせるほどもうかる』という利益相反の関係が解消された。決断は正解だった」という評価をいただき、意を強くしているところです。

ＮＩＳＡやｉＤｅＣｏ（個人型確定拠出年金）といった親しみやすい愛称をつけてアピールしていても、その制度の中で扱っているのが株式や投資信託など、難解な金融商品だということに変わりはありません。購入した商品の価値が相場次第で大きく目減りしてしまうこともあるわけで、そうしたリスクをお客さまにご理解いただいた上で、楽天証券のミッションである「お客さまの将来のお金に対する不安をなくしていく」サービスを提供していけたらと考えています。

一方で、証券業界としても、お客さまの資産形成の充実に向けてもっとサポートできることもあるのではないかと模索中です。

その一つが「**株式の売買単位の引き下げ**」です。現状、日本株の最低売買単位は1単元＝100株となっており、1000株が多かった昔に比べればだいぶ売買しやすくなってきています。新NISA開始に合わせ、1株を何株かに分けて買いやすい株価にする「株式分割」を行う企業も増えました。しかし、1億皆投資時代となると、これでもまだ高過ぎるように思います。

ちなみに、米国では1株単位で売買が可能で、時価総額では世界トップクラスのアップルやエヌビディアでさえ、数万円から購入できます。

一方で、個別株が買えるNISAの成長投資枠は、年間240万円までと上限額が決められています。しかし日本の個別株には「**値がさ株**」（株価水準の高い株）といって、最低購入額が600万円以上になるような銘柄があります。これまで高い株価は、企業にとって成長と一流の証、という風潮もありました。そして、個人のお客さまが欲しいと思うのは、まさに、そういう今スポットライトが当たっている企業の株式なのです。

この問題に対応できるよう、楽天証券では「かぶミニ®」（単元未満株取引）というサービスを実施し、値がさ株でも1株から購入いただけるようにしています。100株だと600万円必要な銘柄でも6万円から購入できますから、例えばキーエンス、ファーストリテイリング(ユニクロの親会社)といった値がさ株への分散投資もできます。単元未満株ですが、持ち株数に応じた配当も受け取れます。

かぶミニ®で実際に買われている銘柄の株価は平均3万円程度ですが、私たちが想定していた以上にご利用が増えています。こうした単元未満株取引はいろいろな証券会社がサービスを始めていますが、あくまで業界サイドの自主努力なので、最終的には取引単位に関するルール自体が変わっていくことが望ましいと考えています。金融庁や東京証券取引所でも売買単位引き下げの議論が始まっています。

Interview

ベテラン個人投資家

ペリカンさん

高配当&優待投資で 専業投資家へ

資産総額／約2億2000万円
資産構成／8割以上が株式(主に日本株)、保有銘柄数は約350
家族構成／夫(本人・アラフィフ、専業投資家)、妻子あり
年収／　700万円程度(配当金+FXのスワップポイント)
投資歴／　26年。現在はブログ、X、インスタグラムでも情報発信

ペリカンさんが投資を始めたのは1998年。外貨預金を手始めに、外資系の対面証券で営業マンに勧められるままに株を買っていました。当初は値上がり益が狙いでしたが、経験を重ねるにつれ、株価の上げ下げは分からないものだと痛感。リーマン・ショック後からは優待投資、NISA開始からは高配当投資へと投資スタイルを変えていきました。会社員だったペリカンさんは2019年に転職目的で退職しましたが、コロナ禍で転職活動が難しくなり、そのまま専業投資家に。意図せぬFIRE（経済的自立と早期退職）でしたが、それも投資をしていたからこそだとペリカンさんは話します。26年の投資歴から語られる様々なエピソードには多くの学びがあります。

●著書は『はじめての高配当株』（スタンダーズ）

IPOのビギナーズラックで2000万円以上の利益が

僕が投資をスタートしたのは、今から26年前の1998年で25歳の時でした。数百万円程度のまとまったお金ができたのですが、米国に留学していたこともあって通貨分散をしたいと考え、シティバンクで米ドル預金をしました。始めてみると為替の動きが面白く、だったら株式投資もしてみようと思い立ち、当時のメリルリンチ証券（現バンク・オブ・アメリカ）で口座開設をしました。同社を選んだのは「外資系って何となくかっこいい」というだけの理由です。株の買い方も知らない状態から担当営業マンに勧められるまま、**ファーストリテイリング**や**光通信**など4銘柄を買ったのが最初です。その時は今と違って単純に値上がり益狙いでした。

しばらくすると日本でもネット証券が開業し、ある日、新聞の全面広告で**ソフトバンクテクノロジー**（現SBテクノロジー、2024年9月6日上場廃止）のIPO（新規公開株）の公募が掲載されたんです。「これはいいなあ」と思って申込書類を取り寄せたものの、仕事が忙しくて放置していたところ、ある日自宅の留守電に「明日までに速達で書類を送ってくれたらIPOの抽選に間に合う」というメッセージが入っていまして、言われるがままに送ったら当選しました。公開価格は1株4600円で、500株単位だったので230万円投資しました。そうしたら、初値は4倍超の2万円になったんです。数日後に10倍超の5万円くらいになったところで売却し、手取りで

2000万円以上の利益を得ました。その後も株価は上がったので、売らずに持っていれば1億円以上の利益が得られたはずでしたが、たった数日で2000万円以上も稼げたのはビギナーズラックのようなものだったと思っています。

やがてメリルリンチ証券は個人業務から撤退してしまったので、その後はネット証券での取り引きとなりました。米国株の取り扱いも始まったので、すぐに**グーグル**や**アップル**を購入しました。ずっと持っていればよかったのでしょうが、売却した時に確定申告で非常に面倒な思いをしまして。当時は特定口座の制度がなく、株の売却益も為替差益もすべて自分で計算する必要があったんです。米国株自体は好きでしたが、確定申告の煩わしさを考えるとこりごりで、しばらく離れました。

任天堂株に3000万円以上つぎ込み、同じくらい儲かる

というわけでその後の投資は日本株メインになりました。その中で、資産を大きく増やすのに貢献してくれた銘柄が**任天堂**です。初めて買ったのは06年のライブドア・ショックの後ぐらいだったでしょうか。同じ年の3月に発売されたニンテンドーDS Liteが流行っていたので株価も高く、1株6万円ほどで、1単元（100株）買おうとすると600万円程度必要だったんですね。株価が100円上がれば1万円もうかるので、デイトレードみたいな感じで売買していました。な

まじ資金に余裕があったため、デイトレードと言いつつ下がった分は損切りせず持ち続けたので、最終的には600万円で買った分は100万円以下に……。そこに至るまで下がったら買い、さらに下がったら買いと、ずっとナンピン（株価の下落時に同じ銘柄を買い増して買値の平均を下げること）を続けていたんです。結局3000万円ぐらい任天堂1銘柄につぎ込みましたが、かなり長い間は含み損を抱えた状態で、含み損は最大で2000万円ぐらいにまで膨らんでいました。

この時はさすがに嫌気がさしましたね。ですが株式投資は将来への備えと捉えており、目先は失敗かもしれないけれど、任天堂は潰れるような会社ではない、人気化する新商品が発売されたり、優良企業に買収されたりするようなことがあれば株価も上がるだろうと気長に構えていました。当時は会社員としての収入もありましたから。待っていたかいがあり、17年にNintendo Switchが発売されると株価はググッと上がり、一気に含み益が出たので、3000万円ほど利益確定しました。結果的に任天堂は投資歴の中で最も稼がせてくれた銘柄です。

半面、流行りの銘柄に手を出すと大変な目に遭うということを改めて学んだのも任天堂です。こうした銘柄は人気と共に勢いよく値上がりするけれど、一旦下がると落ちる速度が半端ではありません。それを最初に実感したのは、初期の頃に買った光通信です。株価が3万円とまだ安かった時に2単元買い、ピークでは25万~26万円になったので600万円の元手が6000万円近くに。ただの含み益ですが有頂天になりましたね。ところが同社の不祥事が発覚し、歴史的な20営業日連続のストップ安。売りたくても売れず、結局買値とほぼ同じ株価で売却しました。任天堂は復活して大きな利益を得られ、光通信は損しなかっただけよかったですが、この経験から**エヌビディア**には手を出せません。

高配当銘柄はＮＩＳＡの非課税メリットを確実に生かせる

08年のリーマン・ショックからしばらくは、株で利益を上げるのが難しい時期が続きました。そんな時に買ったのが外食産業の**コロワイド**です。１株５００円ぐらいで、当時は1単元が５００株だったので投資額は25万円ほど。株主優待品は同社グループ運営の飲食店で利用できる優待食事券が年４回、合計４万円分。つまり外食費が年４万円浮くということです。優待銘柄を買うと、保有しているだけでお米や季節のフルーツ、ちょっと高級なお肉などがもらえるので家計が助かるとともに、投資に回すお金も増やせます。それまでの値上がり益狙いから、優待を意識した銘柄選びをするようになっていきました。

高配当銘柄に注目し始めたのは、14年にＮＩＳＡ制度が始まったことがきっかけです。株の売却益が非課税になるのは魅力でしたが、10年以上の投資経験から、株価の値動きなんて分からないものだということが身に染みていました。利益が出る保証なんてありませんし、損をすればそもそも税金はかかりません。なので非課税メリットを生かすには確実に入ってくる配当に注目した方がいいと考え、配当利回りの高い銘柄を買うようになったんです。

ＮＩＳＡ口座で最初に買ったのは**三井住友フィナンシャルグループ**でした。銀行系や**ＮＴＴドコモ**（現在は上場廃止）、**ＫＤＤＩ**といった通信系の銘柄を買い、その多くを現在も保有しています。退職した19年ごろにはＮＩＳＡ口座に入ってくる配当金は年間２５０万円程度で、振り返ってみるとその延長上に今の投資スタイルがあるような気がします。給料以外に配当収入を得たり株主優待を受けられたりするようになると、心にゆとりが生まれました。社内で投資の話はしませんでしたが、ひそかにほくそ笑んでいるような、精神的に楽な部分がありましたね。

成り行きで専業投資家に。日々の情報収集がとても楽しい

19年に転職目的で退職しました。今まで一生懸命働いてきたのだから半年ぐらいは遊びたいなと思った矢先に、世の中がコロナ禍になってしまって転職活動が頓挫しました。ですがそのおかげで時間ができ、会社員時代にはなかなか手が付けられなかった資産の整理をしてみたんです。

図表1　ペリカンさんの資産構成

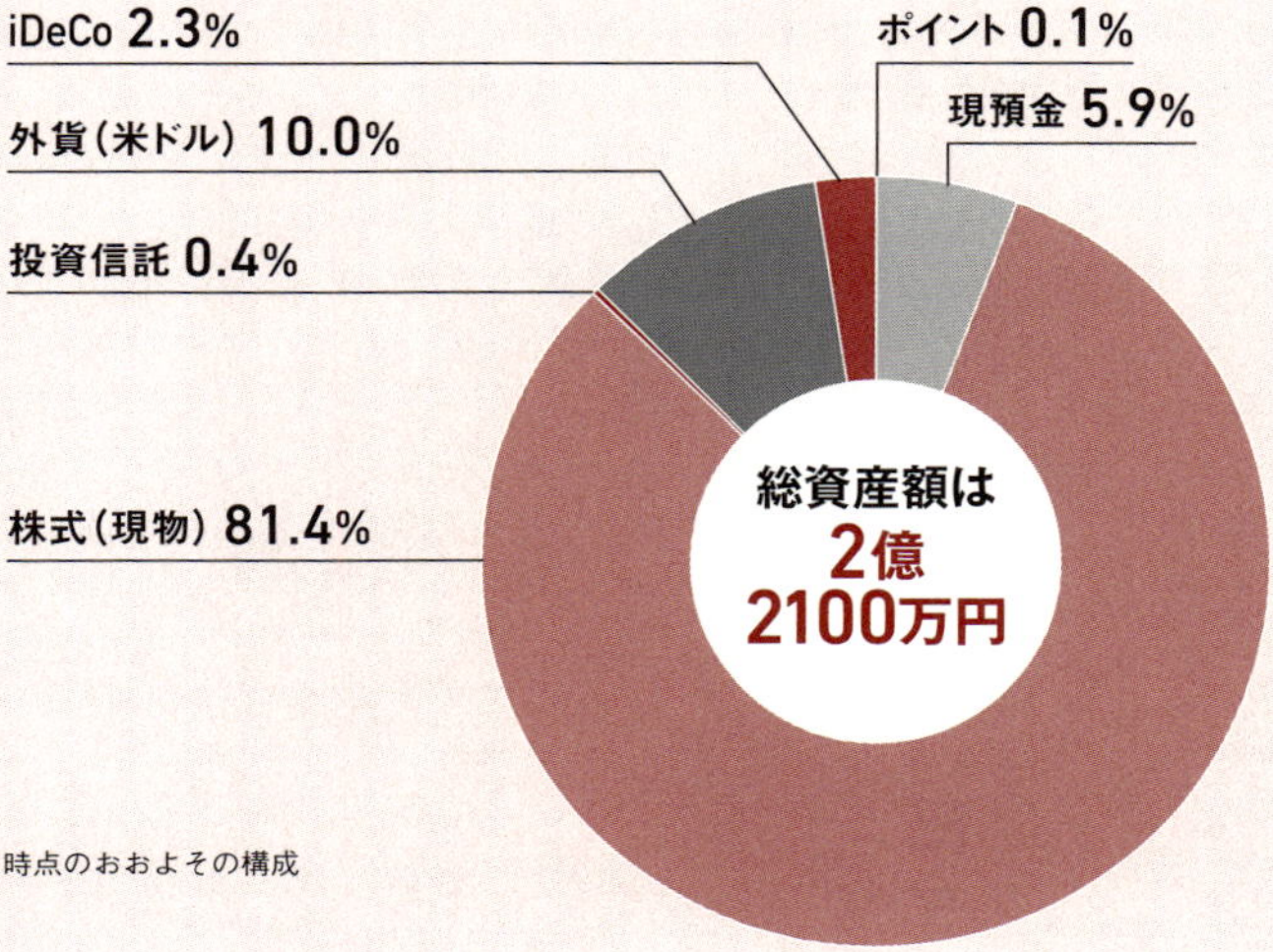

注：2024年9月時点のおおよその構成

生活費としていくらぐらいあればいいのかなどを家族で話し合い、「それを超過する分はすべて投資に回せるのではないか」と考え、その資金で連続増配銘柄を買っていきました。コロナショックで株価が安かったことも後押しになりました。

配当収入はすぐに年300万〜400万円ぐらいまで増加。住まいは持ち家で借金もなかったので、だったらこのまま配当金生活に入っていけるのかなと、特にFIREを狙ったわけでもなく成り行きで専業投資家になっていました。

さらに銘柄数や株数を増やし、現在の資産構成は上の通りで【図表1】、配当収入は年600万円ぐらいです。もはや投資は趣味というかライフワークのようなもので、外出すれば始終「この店はどこの会社が経営しているのかな」などと考えています。それがとても楽しいんですよね。

情報源は「会社四季報」やXなどのSNS、ブログやネットニュースなど。他に近隣の投資家仲間と直接会って情報交換もしています。投資スタイルが似た人が多いので刺激になりますし、「僕なんかまだまだだ」と思い知らされることもよくあります。

好みの銘柄は**PBR(株価純資産倍率)1倍以下、財務が良好で配当利回りが4%以上、連続増配、EPS(1株当たり純利益)が増加傾向**、できれば**株主優待あり**といったものです。証券会社のスクリーニング機能でこれらの条件を満たした銘柄を探し、業種が偏らないように投資しています。

中でもEPSは企業の収益力と成長性を示す重要な指標なので、ここが伸びているなら無理せず増配していると判断しやすいです。以前のような値上がり期待はあまりしておらず、なんだったら株価はそのままでいいから、業績をしっかり上げて配当を出し続けてくれればそれで構わない、という気持ちで投資しています。今は配当による株主還元を重視する企業が増え、何もしなくても年間配当額が増えていっているので、僕のような投資スタイルにはありがたい環境ですね。

8月5日の暴落で愛着ある任天堂株を高配当銘柄に入れ替え

保有銘柄数は約350ですが、いわゆる高配当の王道銘柄は全部持っているのではないかと思い

図表2　ペリカンさんが経験してきた暴落（金融ショック）

2000年	ITバブル崩壊
2006年	ライブドアショック
2008年	リーマン・ショック
2011年	東日本大震災
2015年	チャイナショック
2018年	仮想通貨バブル崩壊
2018年	パウエルショック
2020年	コロナショック

出所：ペリカンさん

ます。

日本たばこ産業（JT）とか**三菱商事**などの商社、前述の三井住友フィナンシャルグループなどのメガバンク、それから地銀も広く持っています。地銀は高配当な上、優待品がその地方の特産品だったりする銘柄があるのも魅力です。

株を買うのは主に金融ショックなどで相場が下落・暴落したときです。00年のITバブル崩壊に始まり、20年のコロナショックまで数年ごとに暴落を経験してきましたが【図表2】、現物取引なので投資額を超える損失が生じる心配はなく、株価を横目で見ながらも投資はしばらくお休みし、会社の仕事に没頭してマーケットが立ち直るのを待っていました。いずれの暴落もほぼ時間が解決してくれました。

そしてこのように相場が冷え切っていると、いくらなんでも下げ過ぎだという銘柄がちらほら出てくるんですね。それを買って1つの銘柄の単元株数を増やしていくんです。ある銘柄を1単元しか持っていない場合、値上がりして売ってしまうと、前に安値で買った記憶に邪魔されて再び同じ銘柄を買うのが難しくなってしまいます。でも2単元以上持っていれば、値上がりした時に一部を売ればいいので利益確定しやすくなり、その資金で別の銘柄に投資できます。僕はこのやり方で資産を増やしてきました。保有株数を増やすと優待のステージが上がる銘柄があるので、それも急落時を狙って買っています。

24年8月5日の暴落時にも、数日かけて1000万円以上株を買いました。その前の7月末に特定口座で保有していた米国株を半分売却して円建てで受け取り、値上がり益と為替差益の両方を手にしていたので原資にしました。

もう一つの原資は任天堂株の売却金です。前述の通り任天堂はすごく愛着のある銘柄で含み益も数千万円ありましたが、株価上昇で配当利回りが低下し、僕の買値でなく時価で見ると高配当株とはいえない状況になっていました。ですので暴落の当日に一部売って、その資金も合わせて「暴落で配当利回りが4～5%になった銘柄」を買うのが高配当株投資家としての正解だろうなと考えたんです。暴落時とはいえ、任天堂株も買値の3～4倍にはなっていました。これらの売却金で余力ができ、**ウェルス・マネジメント**、**サンゲツ**、**王子ホールディングス**など30銘柄以上を買えました。育つのが楽しみです。

銘柄選びは自分の考えで。ヘタな成功体験は大失敗のもと

これまでの経験から、投資を長く継続して資産形成をするために大事なポイントは、**❶基本的には現物取引**をする、**❷信用取引をするなら現引き**（決済時に現物株式を受け取る方法）可能な範囲にとどめる、**❸銘柄選択は自分で行う**、**❹人と比べない**――などだと考えています。一言でまとめると「無理な投資をしない」ということです。

危険なのは人から勧められて買った銘柄や、信用取引などリスクの大きな売買でたまたまもうかった場合です。こうしたヘタな成功体験は必ずといっていいほど後々大きな失敗のもとになります。人に勧められるままに買うと失敗しても理由が分からないので次につながりませんし、無理な信用取引は大きく資産を損なうことになりかねません。銘柄選びは自分なりに考えて行い、小さな失敗をたくさん繰り返した方が、時間はかかってもよい結果にたどり着くと思います。

また、投資をしていると暴落はつきものですが、現物取引なら投資額を上回る損失はないので何度でも再起可能ですし、ぐっとこらえてマーケットから退場しない限り、失敗ではないと思います。経験を積んでいけば「暴落こそチャンス」と捉えて、そういう時に買えるようにもなっていきます。

そもそもですが「入金力」、つまりいかに多くの金額を投資に回せるかも非常に重要です。現実

としてお金があるほど投資の成功率は上がるからです。始めは少額から試してもいいのですが、上手に節約して投資資金を捻出する努力は必要だと思います。

資産形成の最中なら受け取った配当金も使わず、通常の入金力に配当を上乗せして次の投資の原資とする、「広い意味での複利運用」をお勧めします。僕がもし若返って初心者からやり直すとしたら、やはり一生懸命仕事をして入金力を高め、無理のない投資をすると思います。

振り返ると、IPOでもうかったり、任天堂株などで利益を得たりということはありましたが、それはたまたま運が良かっただけ。実力だとは考えていません。今の資産が築けたのは高配当株投資のおかげなのです。入金力を高め、財務体質のいい会社にコツコツ投資するスタイルは面白みがなくて刺激薄ですが、僕にとっては心地いい投資法です。こうした「一獲千金を求めないゆるい方法」だと株は決して危ないものではないので、初心者の人にもお勧めしたいですね。

Chapter 5

投資で失敗しないために

パニック売り傾向チェック

解説（角谷教授）

本章は80〜81ページで紹介した読者特典「パニック売り傾向チェック」の解説を行います。

パニック売りとはなにか

パニック売りとは、株価急落時に、さらなる下落の恐怖から、投資家が株や投資信託等の有価証券のすべてもしくは一部を売ってしまう行為です。[1] そして、パニック売りは、投資家が一旦離れた市場に復帰するのを困難にし、長期的な投資の失敗につながることが多い[2]といわれています。このため、パニック売りは、学術的に、行動バイアスやヒューリスティック（問題解決や意思決定に用いられる経験則や直感的な方法）によってもたらされる、非合理的な行動[3]とされています。

第2章で楠社長も言及されていますが、パニック売りの基となる理論は、人々の損失回避性の強さを指摘するプロスペクト理論です。[4] また、パニック売りは金融リテラシーの低さに起因することも知られています。[5] 一方、金融リテラシーの自己認識の乖離《かいり》である、後述する自信過剰もパニック売りの理論的支柱の一つといえます。[6] さらに、自身の分析よりも他人の行動についていこうとする「群衆行動」もまたパニック売りの要因となります。[7] この点は性格的側面として後述します。

パニック売り傾向チェックの学術的根拠

「傾向チェック」は楽天証券ＡＩ・データ＆ヒューマンラボと広大角谷ラボが共同で実施した投資家アンケートの分析結果を根拠としています。具体的には、投資家の行動および社会経済的特性と直近の世界規模の市場混乱である「２０２０年３月の新型コロナウイルス拡大による株式相場急落（通称：コロナショック）」時の行動との関係を分析した結果です。なお、本調査のデータは、投資家の特性と行動の分析では世界最大規模であり、また分析結果の多くも行動科学やファイナンス分野で一定の評価がある国際学術誌に厳正な査読を経て掲載されています。

一方、自然科学分野等と異なり、特に投資家心理を内包する行動ファイナンスにおける分析は複雑かつ部分的な制約を受けることは必定で、私たちの研究成果に限ったことではないですが、因果関係の断定には一定の注意が必要である点はご理解ください。

ただし、読者の皆さんには、本書の「傾向チェック」には少なくとも学術的な裏付けがあり、「診断結果」等ではなく、あくまで「傾向チェック」として用いる分には十分な根拠を有するものとご理解いただいて結構です。

では、まず紙上でできるウォームアップから行きましょう。次の質問に答えてください。

問一：次のうちあなたはどちらを選びますか。なお、コインを投げて表が出る確率も裏が出る確率もそれぞれ50％とします。

Ⅰ：コインを投げて表が出たら2万円もらい、裏が出たら何ももらわない

Ⅱ：確実に1万円もらう

問二：次のうちあなたはどちらを選びますか。なお、コインを投げて表が出る確率も裏が出る確率もそれぞれ50％とします。

Ⅰ：コインを投げて表が出たら2万円支払い、裏が出たら何も支払わない

Ⅱ：確実に1万円支払う

いかがでしたか。まず、２つの質問ともそのままもらったり支払ったりする人、そして２つの質問ともにコインを投げるのは、一貫性のある人です。

次に、お金がもらえる場面（利得局面）でのみコインを投げる人、あるいはお金を支払う場面（損失

局面）でのみコインを投げる人は、一貫性がないという点で、情報の提示の仕方によって判断に影響を受ける現象、つまり「フレーミング」がある人です。一般に、損失局面でコインを投げる人、つまり損失局面のフレーミングがある人の数は、利得局面でコインを投げる、利得局面のフレーミングがある人の約3倍いると言われています。

では、パニック売りの傾向があるのはどのタイプでしょうか。正解は利得局面でのみコインを投げる人、つまり利得局面のフレーミングがある人です。

逆に損失局面でのみコインを投げる人、つまり損失局面のフレーミングがある人は統計的に有意にパニック売りをしません。

おそらく、損失局面のフレーミングがある人は損失回避性が強いので、株価下落局面で株を売ってしまうと確定してしまう「損の実現」が嫌なのだと思います。一方で利得局面のフレーミングがある人は、損失回避性が低いので「損の実現」をいとわず、大胆に株を売ってしまう（＝パニック売りをする）のだと考えられます。

でも、少し不思議な気もしますよね。私自身は、実験を行う前は、損失回避性が高い人は二番底、三番底のリスクを嫌ってパニック売りする傾向があるものだと思っていました。でも結果は、私の予想とは逆の形で、かなりはっきりとした傾向として現れていました。

この分野、実は私たちの最新論文が最初の分析結果であり、これからたくさん論文が出てくるともっといろいろなことが分かってくると思います。ご興味のある方は私たちの論文にも目を通してみてください。[8]

さて、ウォーミングアップが終わりました。では、「パニック売り傾向チェック」にアクセスしてチェックを受けてみましょう。以下、チェックで判定する個別の項目について解説します。

パニック売り傾向チェックの結果が示すこと

金融リテラシー

読者の皆さんも察しがつくと思いますが、私たちの研究でも、**金融リテラシー（金融に対する理解度）の高さはパニック売りを防ぐ要因になる**とする研究結果が出ています。[9] 投資家にとって金融リテラシーがいかに重要か、どれだけ強調しても言い尽くせません。

前述した成果以外の日本の研究だけでも、金融リテラシーの高さは老後の資産計画について有効であ

パニック売り傾向チェック

本書のChapter3、80～81ページに掲載

判定結果の個別の項目について解説

「パニック売り傾向チェック」は、アンケート調査における楽天証券ユーザー35万人のデータを基に、14の設問に対するあなたの回答を、以下の項目について測定します。

金融に関するスキル

☑金融リテラシー

ここで言う金融リテラシーとは、金融に関する基礎知識の理解度を測定したものです。

☑金融態度レベル

金融態度とは、金融に関する意思決定の考え方を指します。現在だけでなく、長期的な視座で考えられるかが重要です。

☑金融行動レベル

金融行動とは、金融に関する意思決定の際の行動様式を指します。金融知識を活用して合理的な判断ができるかどうかが重要です。

その他の属性

☑自信過剰・自信過小

金融リテラシーについての自己評価と客観的な評価の乖離《かいり》を表します。自己評価が客観的な評価よりも高い場合を「自信過剰」、低い場合を「自信過小」と定義しています。

☑神経質

ここでいう神経質とは、感情の安定性やストレスに対する反応を示す性格特性です。ストレスに対して敏感で、不安や緊張を感じやすいのが特徴です。

☑双曲割引

双曲割引（≒衝動性）とは、目先の利益を優先し、将来の大きな利益を犠牲にする行動傾向を指します。

り、[10]角谷ラボでは、それが老後の不安を和らげるものとした研究があります。[11,12]また、前述の「r＞g」（資本収益率＝rが経済成長率＝gを上回る不等式）が成立する資本主義社会において、金融リテラシーの高さは個人の合理性そのものを表す代理変数とも考えられ、角谷ラボを中心に行った研究でも、金融リテラシーの高い人は、ニコチン中毒やギャンブル依存のリスクが低く、[13,14,15,16]運動習慣があり、[17,18]健康診断やがん検診を積極的に行い、[19,20]特殊詐欺被害のリスクも低く、[21,22]コロナのような世界的なパンデミックの初期ではワクチン接種に積極的な姿勢を見せる[23]など、人生の様々な場面でリスクを抑えることができる傾向が確認されています。

最近は新しい金融リテラシーが求められています。つまり、従来の金融リテラシーの定義は文字通り金融に関する知識・技能であるのに対し、現在の金融サービスは、オンライン証券やネット銀行等をはじめ急速にデジタル化しており、もはや金融に関する知識・技能だけの測定では不十分という視点です。

こうしたデジタル化に対応するスキルを含めた新しい時代の金融リテラシーを「デジタル金融リテラシー」と呼びます。アカデミアでも部分的には様々な議論がありますが、包括的な定義はまだ曖昧さを大きく残したままです。

現在、角谷ラボは、楽天証券ＡＩ・データ＆ヒューマンラボと共同で、世界に先駆けた「デジタル金融リテラシー」の包括的な定義の確立に向け、鋭意研究を進めています。読者の皆さんにも近いうちにこの成果のアップデートをお届けできたらと思います。

自信過剰・自信過小

デジタル側面はともかく、資産形成において重要性を強調しすぎることはない**「金融リテラシー」にも死角はあります。**それが**「自信過剰」**です。つまり、たとえ客観指標で悪くない金融リテラシーを持っていたとしても、自己評価が高すぎて客観評価と釣り合っていなければ「自信過剰」となり、リスクの取り過ぎ等につながり、資産形成を難しくします。

私たちの研究でも金融リテラシーの**「自信過剰」な人はパニック売りをしやすい**傾向にあるという結果が出ており[9]、これはおそらくそもそものリスクの取り過ぎに起因しているものと考えられます。この傾向が出た人は、現在のポートフォリオが自身のリスク許容度を超えていないか、そもそも株や投資信託に生活資金を回していないか、自己点検をしてみてください。

なお、傾向チェックでは、「自信過剰」を金融リテラシースコアが投資家平均を上回っているかどうかを客観基準とし、別で回答いただいている主観評価との乖離の有無で判定をしています。

では、逆に「自信過小」はどうなのでしょうか。私たちの研究では、客観指標で投資家平均を上回りつつも、自己評価の低いこのタイプの人は、株価下落時に「買い」を入れることが難しいという結果が出ています。

もちろん、大前提として一般の個人投資家の長期投資において株価下落時に無理な逆張りを入れる必要はありません。二番底、三番底が続く可能性は常にありますし、やるべきことが他にある個人投資家にとって株価チェックを頻繁に行うような時間はないからです。また、仮に株価チェックに時間をかけたとしてもタイミング投資が必ずしも有効でないのは第3章で述べたとおりです。

しかし、積み立て投資をしている一般の個人投資家にとっては違います。株価下落時に積み立てが継続できないのは、第3章で述べたような、余剰資金をできるだけ長く市場にさらすという原則に反するので、長期投資をする上での課題といってよいでしょう。「過剰」にせよ「過小」にせよ**主観と客観の力量に齟齬《そご》がないことが重要**です。

金融行動・金融態度

金融行動および金融態度の高得点も、研究結果からパニック売りを防ぐ重要な要因と考えられます。前述の金融リテラシーは比較的、投資に必要な「攻め」に関する知識を重視しているのに対し、金融行動は概《おおむ》ね貯蓄や保険加入等、個人が実際に行う金融に関する行動を指します。また、金融態度も、貯蓄、支出等、個人が金融に対して持つ考え方や感情等のことを指します。

金融行動、金融態度の測定はＯＥＣＤ（経済協力開発機構）が開発した評価基準がよく知られていますが、ＯＥＣＤ方式は設問数が多く、簡便ではないので、学術研究ではＯＥＣＤの簡易版が用いられることが多いです。過去に私たちが出版した論文も、簡易版を使用しています。

なお、金融リテラシーのスコアは、日本を含む世界の多くの国で「男性優位」であることが知られている一方で、**金融行動および金融態度に関しては、私たちの研究により、少なくとも日本では「女性優位」**であることが分かっています。[24]

日本では戦後長らく、「夫がお金を稼いで妻が財布のひもを握る」傾向が指摘されてきましたが、金融リテラシー、金融行動および金融態度のスコアを鑑みるに、これには一定の合理性があると考えられます。もっとも、女性の社会進出が大きく進んだ今日では、両者の差はより流動的になっていると考えられます。

いずれにしても、金融行動および金融態度も長期投資の成功には非常に重要な要素といえます。

☑ 双曲割引

双曲割引は、とても簡単に言うと「遠い将来は待つことができるが、近い将来は待つことができない」という心理を表すものです。

これにはまず、時間割引という概念の理解が必要です。例えば、今もしくは1週間後に1万円がもらえるとしたら、いつ受け取りますか。大抵の人は「今」受け取りますよね。

でも、今なら1万円、1週間後なら1万20円受け取れるとしたらどうですか。今なら1万円、1週間後なら1万50円もらえるとしたら。今なら1万円、1週間後なら1万100円もらえるとしたら……。今、受け取れる金額が変わらずに、1週間後に受け取れる金額が増えていったら、最初は「今」受け取ると答えた人もどこかのポイントで受け取る時点が「1週間後」に切り替わりますよね。この「切り替わるポイント」が回答者の時間割引率です。

少ない報酬でも「待つ」ことができる人は「時間割引率の低い人」、将来の利益や報酬を現在のものと同等、またはそれ以上に重視する人で「我慢強い人」と言うこともできます。

一方で、高い報酬がないと「待つ」事ができない人は「時間割引率の高い人」。将来の利益や報酬よりも現在の利益や満足を優先する傾向が高く、「せっかち」と表現することもできます。

これまで、「今」と「1週間後」といった、近い将来について見てきましたが、少し遠い将来はどうでしょうか。90日後に1万円をもらうか、97日後に1万円をもらうか。最初はほぼ全員が「90日後」でしょうが、「97日後」にもらえる金額が徐々に増えていったら……。やはりどこかで「97日後」に受け取るようになるでしょう。これは先ほどと違って少し遠い将来です。

そして「**遠い将来は待つことができるが、近い将来は待つことができない**」とは、**言い換えると「遠い将来の時間割引率よりも近い将来の時間割引率の方が高い」**となります。これが「双曲割引」です。

例えば、ダイエットして〇カ月後までに〇キロ減量するといった「長期目標」が、チョコレートケーキという「目の前の快楽」に負けてしまう。また、頑張って勉強して来年資格試験に合格するという「長期目標」が、動画サイトのアニメ視聴という「目の前の快楽」に負ける。これらは双曲割引の例です。もちろん、誰しもが長い人生において多かれ少なかれ目の前の誘惑に負けてしまう瞬間はあるわけですが、こうした「思考パターン」の有無が測られるところです。

上記の例で見たように、双曲割引はある種の「衝動性」とも解釈できます。そして**これらの双曲割引の特徴は私たちの分析では、パニック売りを誘発する傾向**として観察されています。[25]

では、「パニック売り傾向チェック」で「双曲割引がある」と判定された人はどうすればよいのでしょうか。私たちの研究では、**金融リテラシーを身に付け、金融行動、金融態度を改善することで、パニック売り傾向を誘発する「双曲割引」は消失する傾向**があることが分かっています。[26]

例えば、長期投資にとって重要な知識である複利について学ぶ、衝動買いを避けるために買い物前に買い物リストを作る、家計簿をつける、などの行為はそれらの改善につながり、ひいては「パニック売り」誘発要因である双曲割引を抑制するのです。

なお、「パニック売り傾向チェック」の双曲割引の結果には一点注意が必要です。回答者が非合理な選択をした場合、ウェブ上は「問題なし」と表示されますが、実際は問題が全くないわけではありません。例えば、2日後の1万円よりも7日後の1万38円を受け取ると選択しておきながら、同時に7日後の1万96円よりも2日後の1万円を高く評価して、2日後に1万円を受け取る選択をするのは合理的ではありません。そもそも回答者が「金利」の意味を正しく理解していない可能性があるからです。こうした場合、学術研究では双曲割引の測定不能としてサンプルから除外するのが一般的ですが、「パニック売り傾向チェック」では「（少なくとも）双曲割引は観察されなかった」という意味で「問題なし」としています。

ですので、このような非合理な選択の結果による「問題なし」判定の場合、確かに双曲割引が観察されなかったのは事実ですが、だからといって問題が全くないわけではありませんのでご注意ください。

群衆行動と個人の性格（神経質）

群衆行動（もしくは「集団行動」）は、株価の大幅下落を契機に、多くの投資家が一斉に同じ行動（株の売却）を取ることを指します。つまり、市場全体から見たパニック売りの要因です。人間は本来、社会的生き物ですので、皆と同じ行動を取ると安心します。逆に、皆が同じ行動を取っている（株を売却している）中で、平静を保つのは容易ではありません。

一方、その程度の度合いは、個人の性格にも由来します。皆と同じ行動を取らないととても不安な人もいれば、ある程度平気な人もいて、人それぞれです。

こうしたことから、「ビッグ・ファイブ」と呼ばれる個人の性格診断と投資行動についての研究が進んでいます。例えば、英国の調査に基づいた研究では、協調性、神経症的傾向、そして外向性が高い個人は貯蓄も投資も額が少ないこと分かっています。[27] また、米国の調査では、神経症的傾向と開放性の高い投資家は資産ポートフォリオの中で株への配分が少ないと報告されています。[28]

私たちは、個人の性格の中で、神経質（学術的には「神経症的傾向[29]」）に着目し、パニック売りとの関係を分析しました。結果はやはり**神経質の傾向がある人はパニック売りをしがち**であると出ています。[30]

他の指標と異なり、個人の性格は人生であまり変化しないといわれています。「三つ子の魂百まで」というわけです。ですので、今回、「パニック売り傾向チェック」で神経質項目が「要注意」となった方は、「それはそれ」と一旦受け入れましょう。「敵を知り己を知れば百戦あやうからず」です。その上で、努力次第で変えられる、金融リテラシー、金融行動、金融態度を高めることに注力するとよいでしょう。

本文中の注

1 Baker, Harrison Kent, and Vincenzo Ricciardi. (2017). How biases affect investor behaviour. The European Financial Review 8: 7-10.
Barber, Brad M., and Terrance Odean. (2013). The behavior of individual investors. In Handbook of the Economics of Finance. Edited by George M. Constantinides, Milton Harris and René M. Stulz. Amsterdam: Elsevier, vol. 2.
Shiller, Robert J. (2015). Irrational Exuberance, 3rd ed. Princeton: Princeton University Press.

2 Sauer, David, and Werner Kramer. (2022). The History and Psychology of Panic Selling. Retrieved from Lazard Asset Management. Available online: https://www.lazardassetmanagement.com/au/en_us/research-insights/perspectives/panic-selling (accessed on 3 October 2024).
Siegel, Jeremy J. (2014). Stocks for the Long Run: The Definitive Guide to Financial Market Returns & Long-Term Investment Strategies. New York: McGraw-Hill Education.

3 Siegel, Jeremy J. (2014). Stocks for the Long Run: The Definitive Guide to Financial Market Returns & Long-Term Investment Strategies. New York: McGraw-Hill Education.

4 Kahneman, Daniel, and Amos Tversky. (1979). Prospect theory: An analysis of decision under risk. Econometrica 47: 263-91.

5 Baker, Harrison Kent, and Vincenzo Ricciardi. (2017). How biases affect investor behaviour. European Financial Review 8: 7-10.

6 Markowski Investments. (2024). Understanding Herd Mentality in Investing: How Emotion Can Impact Financial Decisions. Available online: https://minvest.com/blog/understanding-herd-mentality-in-investing-how-emotion-can-impact-financial-decisions/ (accessed on 15 March 2024).

7 Markowski Investment. (2024). Understanding Herd Mentality in Investing: How Emotion Can Impact Financial Decisions. Available online: https://minvest.com/blog/understanding-herd-mentality-in-investing-how-emotion-can-impact-financial-decisions/ (accessed on 15 March 2024).

8 Kuramoto Y, Khan M.S.R., Kadoya Y. Behavioral Biases in Panic Selling: Exploring the Role of Framing during the COVID-19 Market Crisis. Risks. 2024; 12(10):162. https://doi.org/10.3390/risks12100162

9 Bawalle, A.A., Khan, M.S.R., & Kadoya, Y. (2024). Overconfidence, financial literacy, and panic selling: Evidence from Japan, Plos One, forthcoming

10 Sekita, S.(2011). Financial literacy and retirement planning in Japan. Journal of Pension Economics and Finance,10 (4): 637-656.

11 Kadoya, Y., and Khan, M.S.R. (2018). Can financial literacy reduce anxiety about life in old age? Journal of Risk Research, 21(12), 1533-1550.

12 Kadoya, Y., Khan, M.S.R., Hamada, T., and Dominguez, A. (2018). Financial Literacy and Anxiety About Life in Old Age: Evidence from the USA. Review of Economics of the Household, 16 (3), 859-878.

13 Khan, M.S.R., Putthinun, P., Watanapongvanich, S., Yuktadatta, P., Uddin, M.A., and Kadoya, Y. (2021). Do Financial Literacy and Financial Education Influence Smoking Behavior in the United States?, International Journal of Environmental Research and Public Health, 18 (5), 2579

14 Watanapongvanich, S., Khan, M.S.R., Putthinun, P., Ono, S., and Kadoya, Y. (2021). Financial Literacy, Financial Education, and Smoking Behavior: Evidence from Japan, Frontiers in Public Health: Health Economics, 8, 612976

15 Watanapongvanich, S., Binnagan, P., Putthinun, P., Khan, M.S.R.,and Kadoya, Y. (2021). Financial Literacy and Gambling Behavior: Evidence from Japan, Journal of Gambling Studies, 37, 445-465

16 Watanapongvanich, S., Khan, M.S.R., Putthinun, P., Ono, S., and Kadoya, Y. (2022). Financial Literacy and Gambling Behavior in the United States, Journal of Gambling Studies, 38. 445-463

17 Ono, S., Yuktadatta, P., Taniguchi, T., Iitsuka, T., Noguchi, M., Tanaka, S., Ito, H., Nakamura, K., Yasuhara, N., Miyawaki, C., Mikura, K., Khan, M.S.R., and Kadoya, Y. (2021). Financial Literacy and Exercise Behavior: Evidence from Japan. Sustainability, 13 (8), 4189

18 Yuktadatta, P., Khan, M.S.R., and Kadoya, Y. (2021). Financial Literacy and Exercise Behavior in the United States. Sustainability, 13 (16), 9452

19 Lal, S., Nguyen, T.X.T.,Sulemana, A.-S.. Khan, M.S.R., and Kadoya, Y. (2022). Does Financial Literacy Influence Preventive Health Check-up Behavior in Japan? BMC Public Health, 22, 1704

20 Nguyen, T.X.T., Lal, S., Sulemana, A.-S.. Khan, M.S.R., and Kadoya, Y. (2022). Financial Literacy, Financial Education, and Cancer Screening Behavior: Evidence from Japan, International Journal of Environmental Research and Public Health: Health Economics, 19 (8), 4457

21 Kadoya, Y., Khan, M.S.R., Narumoto, J., and Watanabe, S. (2021). Who is next? A study on victims of financial fraud in Japan, Frontiers in Psychology, 12:649565. doi: 10.3389/fpsyg.2021.649565

22 Khan, M.S.R., and Kadoya, Y. (2023). Who became victims of financial frauds during the COVID-19 pandemic in Japan? Sustainability, 15 (4), 2865

23 Kadoya, Y., Watanapongvanich, S., Yuktadatta, P., Putthinun, P., Lartey, S.T., and Khan, M.S.R. (2021). Willing or hesitant? A socio-economic study on the potential acceptance of COVID-19 vaccine in Japan. International Journal of Environmental Research and Public Health, 18 (9), 4846

24 Kadoya, Y., & Khan, M.S.R. (2022). Financial Literacy in Japan: New Evidence Using Financial Knowledge, Behavior, and Attitude, Sustainability 12 (9), 3683

25 Lal S, Nguyen T.X.T., Bawalle A.A., Khan M.S.R., and Kadoya Y. (2024). Unraveling Investor Behavior: The Role of Hyperbolic Discounting in Panic Selling Behavior on the Global COVID-19 Financial Crisis. Behavioral Sciences. 14 (9):795. https://doi.org/10.3390/bs14090795

26 Bawalle, A.A., Lal, S., Nguyen, T.X.T., Khan, M.S.R., & Kadoya, Y. , (2024). Navigating Time-Inconsistent Behavior: The Influence of Financial Knowledge, Behavior, and Attitude on Hyperbolic Discounting, Behavioral Sciences: Behavioral Economics 14 (11), 994

27 Fenton-O'Creevy, M., and Furnham, A. (2023). Personality and wealth. Financial Planning Review, 6(2), e1158. https://doi.org/10.1002/cfp2.1158

28 Jiang, Z., Peng, C., Yan, H. (2024). Personality differences and investment decision-making, Journal of Financial Economics 153, 103776

29 「パニック売り傾向チェック」は一般向けに使えるツールとして開発しているため、ややマイルドな表現である「神経質」を用いています。一方で、もともとの概念は「Neuroticism」なので、学術的には「神経症的傾向」と訳されることが多いです。

30 Khan, M.S.R., Yoshimura, H., & Kadoya, Y. (2024). Emotional Instability and Financial Decisions: How Neuroticism Fuels Panic Selling, Risks, 12 (12), 203

Chapter 6

ファイナンシャル・ウェルビーイングを目指そう

一億皆投資時代と言うが、
そもそも人生に投資は
本当に必要なのか（楠社長）

この章では投資の持つ意味や、**人生とお金の関係**について考えてみましょう。「お金がなければ老後が不安」「お金はあればあるほど幸せになれる」と思い込んでいる方は多いと思いますが、見方を変えてみれば案外そうでもないことが分かるかもしれません。

令和の投資ブームのきっかけとなったのは、第2章でも見たように2019年の「公的年金だけでは老後資金が2000万円不足する」問題だったように思います。

公的年金については急速な少子高齢化で制度存続への潜在的な不安があり、金融庁が2000万円という少なからぬ不足額を具体的に示したことで、とりわけ若い世代が危機感を募らせた格好です。

今のうちから老後の生活基盤を築いておかないと、自分たちが高齢者になる頃には年金がほとんど受け取れないかもしれない。そんなふうに考えた方が多かったのだと思います。

結果として証券界に〝地殻変動〟が起き、当時のつみたてNISAの利用者が急増しました。さらに、24年1月からの新NISA開始により一気に火が付いた観があります。

危機感の発露と言いますか、「人生100年と言われる時代なのに公的年金だけでは不安過ぎる。今から自力で何とかしないと老後が大変なことになる」とばかり、それまで投資に目もくれなかった若い世代が動いたわけです。

そして今、資産形成に熱心な若年層には、毎月の給料が振り込まれると生活に必要な最低限のお金だけ口座に残し、他はすべてＮＩＳＡ口座での積み立てに回している人も少なくないようです。例えば、当社の20～30代のお客さまの毎月の積立額を見ると、毎月３万円以上投資されている方の割合は43・8％に上っています。さらに、ＮＩＳＡのつみたて投資枠は年１２０万円が上限ですから、月に直せば10万円。成長投資枠も使い、その10万円を超えて投資をされている方が11・４％もいらして、まさに「ＮＩＳＡに全力投球」の状態です。

若い世代には投資以外もいろいろ経験してほしい

背景には**米国の株式市場の活況**もあります。米国市場を代表する株価指数のダウ30種平均は堅調な企業業績を背景に、近年、毎年のように高値を更新し、24年５月には10年前の倍以上となる４万ドルを初めて突破しました。その後も上昇基調は続き、12月には４万５０１４ドルと最高値を更新しました。

日本の個人投資家も勢いのあるマーケットに大挙して参入し、そろって順調に資産を増やしている状況で、「ＮＩＳＡはすごい！　どんどん投資しないと損だ」という集団心理も働いて、より一層、投資に前のめりになっているような印象を受けます。海外資産、特に人気の**世界株型インデックスファンド**や米国の**S&P500種株価指数に連動するインデックスファンド**を積み立てている人の場合は、歴史的な円安が追い風となって評価額が膨らんでいることも影響しているでしょう。

これはネット証券の立場からすれば大変ありがたいことなのですが、個人的には少しばかり違和感を覚えないでもありません。

と言うのは、貨幣経済の中でも「お金で買えないもの」が幾つかあるわけですが、その一つが「年齢」だと思うからです。20代のあなたの20代という時間は、今しかないのです。もし「老後」という遠い将来のための蓄財に必死になるあまり、自分が今本当にやりたいことを我慢しているとしたら、たいへんもったいないことだと思います。

皆さんは「**生涯賃金**」という言葉をご存じでしょうか。私たちが一生涯のトータルではおよそいくらのお金を稼ぐのかという数字で、これは驚くような額になります。独立行政法人 労働政策研究・研修機構の「ユースフル労働統計2023」という資料によれば**【図表1】**、大企業で定年まで勤めた正社員の生涯賃金は、大卒男性の場合で約3億2000万円です（退職金を含む）。

よく「社会に出て勤め人になったら給料の10％をためましょう」といったアドバイスがありますが、仮に3億2000万円の1割をためられたとしたら、それだけで3200万円です。これは単利の計算ですから、投資信託の積み立てによって複利運用で増やせれば、さらに資産が膨らみます。

老後にはこの他に**公的年金**があり、厚生年金のモデル世帯（夫婦2人分の老齢基礎年金を含む標準的な年金額、24年度）の例で支給額は月23万483円ですから、65歳から95歳までの30年分を合計すれ

図表1 生涯賃金（引退まで、退職金を含む、2022年）

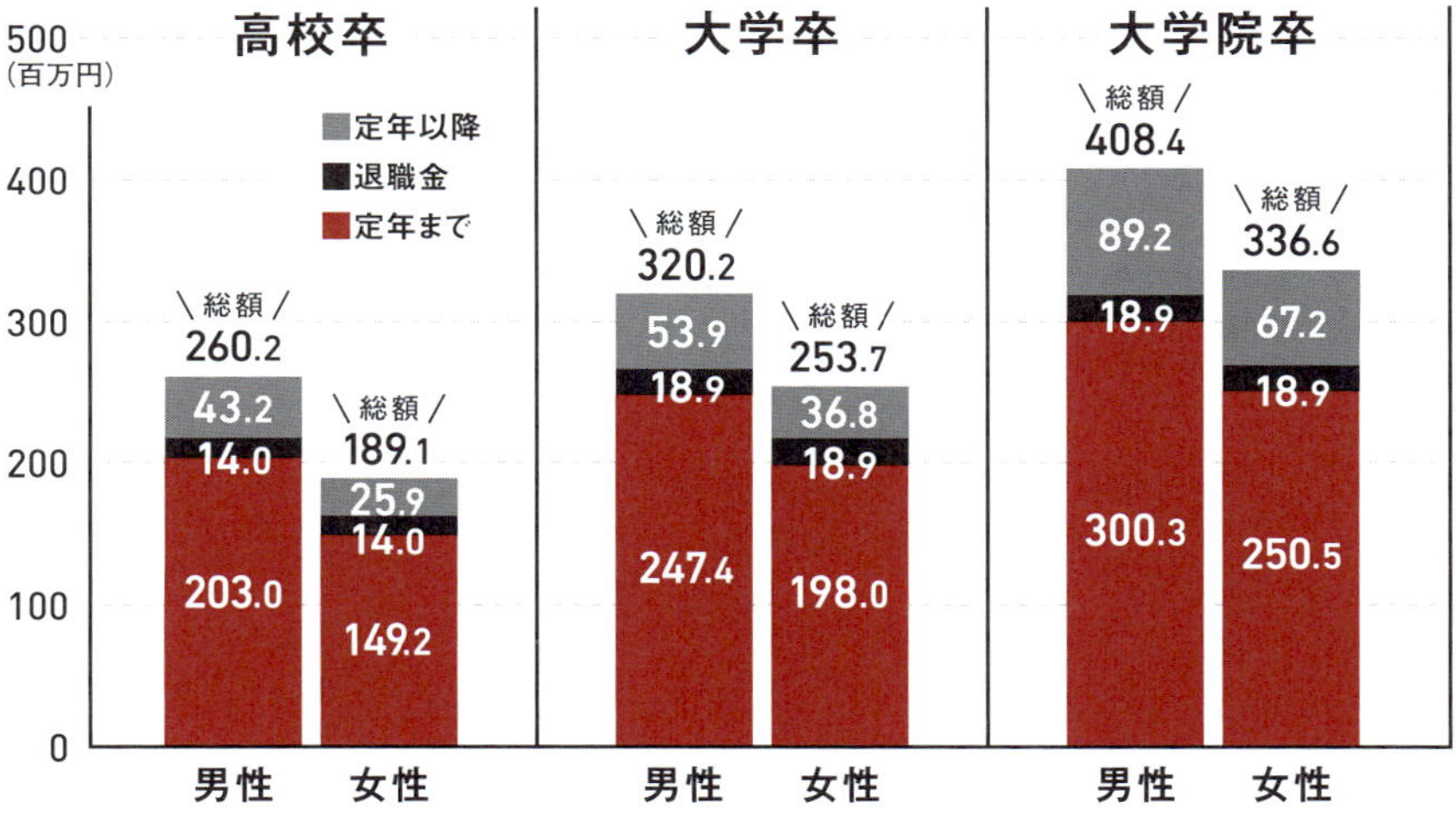

出所：独立行政法人 労働政策研究・研修機構「ユースフル労働統計2023」を基に作成

ば約8297万円になります。

今の若い世代には投資や副業で稼ぐ人が増えていますから、仮に年金が少し減ったとしてもトータルの収入はさらに多くなるのではないでしょうか。つまり、人生全体では実は大きな額が稼げるので、あまり若いうちから老後への備えだけにフォーカスしなくてもいいのではということです。

著名な経済学者には、「若いうちは貯蓄を優先すべきではない」と主張する人もいます。もちろん、貯蓄や投資を全くしなくてもいいと言っているわけではありません。若い時にはその時しか経験できないことがたくさんあるわけですから、もう少し人生を楽しんだり、新しいことを始めたりするためにお金を使ってもいいのではないかと思うのです。「学び」に使うのも素晴らしいアイデアです。

必ずしも投資はしなくてもいい。しかし……

日本は円安の影響もあって23年度のGDPでドイツに抜かれましたが、それでも世界で4位に付けています。1位は米国、2位は中国です。

80年前、第2次世界大戦直後の日本は一面焼け野原と化し、生き残った人々はその日一日を生き延びるためにすさまじいサバイバルを強いられました。しかし、勤勉な国民性や技術力の高さもあって、今や日本は世界有数の経済大国です。

長きにわたるデフレ時代を振り返っても、金利がほとんど付かないにもかかわらず、しっかり預貯金をしてきた日本人ですから、本質的にお金をためることに向いているのでしょう。従って、今の豊かな日本で極端な浪費をしなければ、家族が不自由なく暮らしていくくらいの蓄財は十分可能なはずです。

つまり、ほとんどの日本人は「無理に投資をする必要はない」わけです。にもかかわらず、投資の必要性が広く説かれるのは一体なぜでしょうか。

角谷教授はよく「私は、自分が安心して研究に集中できるだけの資産を確保するために長期投資をしています」とおっしゃっています。これには私も全く同感です。

投資をしてその果実を得ることで精神的にも安定が得られます。

経済的な基盤が確立されれば、本業に注力するなり、ずっとやりたかったことにチャレンジするなり、働き方や生き方の選択肢が広がり、日々の暮らしを充実させていくことができるのです。

私は、お金とは人生という白いキャンバスに様々な色を付けていく〝手段〟だと考えています。人生を謳歌し、彩り豊かなものにしていくためには、やはり、ある程度のお金があった方がいいでしょう。今の日本の繁栄を享受するにも、それなりの経済力が必要です。

ただし、先に申し上げた通り、本来は手段であるお金を人生の〝目的〟にしてしまうのはいかがなものかと思います。全員がそうだとは言いませんが、多くの日本人は何歳になっても先のことが心配で、いつまでもお金をためることばかり考えているような印象を受けます。

ファイナンシャル・ウェルビーイングという新しい考え方

最近は「**ファイナンシャル・ウェルビーイング**(Financial Well-being)」の研究が盛んになっています。ウェルビーイングとは、「身体的、精神的、社会的に良好な状態にあること」を指し、1948年に発効した「WHO(世界保健機関)憲章」から使われ始めた言葉です。

頭にファイナンシャルが付くことで「経済的な〝健康〟を将来にわたって維持していく」、つまり「現在から将来に至るまで経済的な懸念を持たず、安心して人生を楽しむ選択ができる状態」を意味します。一言でまとめれば、「一所懸命お金をためるだけでなく、うまく使って人生をエンジョイしましょう」

という前向きな考え方です。

先ほどお金は手段であると言いましたが、もともと「使うため」にあるものですから、ため方だけでなく使い方についても考えながら、双方のバランスを取っていく必要があるように思います。

一般的には、「お金はあればあるほどいい」とお考えになっている方が多いと思います。だからこそ、一所懸命に働いてコツコツお金をため、「子孫に美田を残す」ではないけれども不動産も買って、次世代にそれなりの資産を承継させようとするのでしょう。

特に私のように戦後の高度成長期を知る世代は、親が必死に働きながら小さな家を建て、身を削って子供を大学に通わせる姿を目の当たりにしてきました。

ですから、今でも自分の趣味や好きなことにお金を使うのは少しばかり罪悪感を覚えます。「子供や孫にはできるだけ多くお金を残してやらなければ」という思いが体に染み付いてしまっているのかもしれません。

しかし、人生の最期に来し方を振り返った時、果たしてそれで「悔いのない、いい人生だった」と納得できるでしょうか？　私は必ずしもそうではないように思います。

お金は老後に使って「ゼロで死ぬ」のでもいい

最近、お金との関わり方について考えさせられる2冊の本に出合いました。1冊は**『となりの億万長者〔新版〕——成功を生む7つの法則』**(トマス・J・スタンリー&ウィリアム・D・ダンコ著、早川書房)、そしてもう1冊は**『DIE WITH ZERO 人生が豊かになりすぎる究極のルール』**(ビル・パーキンス著、ダイヤモンド社)です。

前者は全米の富裕層を調査し、その行動を統計的に分析して「ミリオネア(百万長者)になったポイント」を7章構成でまとめたものです。そこからは、「分相応の暮らしをし、過剰消費をせずに、経済的な目標を達成するために自らを律した行動を取る」富裕層の姿が浮かび上がってきます。

一方、後者の『DIE WITH ZERO』は、ためたお金をどう使って人生を豊かにしていくかというところに重きを置いています。こちらは、「今しかできないことに投資する」「子供には死ぬ前に与える」「やりたいことの賞味期限を意識する」などの9つのルールが提唱されています。

特に印象的だったのは、タイトルの「DIE WITH ZERO(資産ゼロで死ぬこと)」を目標に、45〜60歳からの資産の取り崩しを勧めていることです。

「多くの人は何となく必要以上のお金をため込んでいるだけか、必要なだけためていないかのどちらかで、『DIE WITH ZERO』は効率の極み」という言葉には説得力があります。

いずれも著者は米国人ですが、本当のお金持ちとはどういう人なのか、人生の幸福とは何かという問いに対し、ヒントを与えてくれる良著です。機会があれば、ぜひ一読されることをお勧めします。

これらの本を通して私が得た結論は、ひたすらためるだけでなく、ほどよく使って人生を楽しんで、たくさん思い出づくりをして、最期には国庫にほどほどの相続税を納め、子供たちにもほどほどの財産を残せたら、それが一番ではないかというものです。

ためたお金は、それまで自分が頑張って働いてきた証しです。それを自分のために使うのに、何をためらう理由があるのでしょうか？

■「取り崩し運用」なら資産寿命が延ばせ、不安が減る

さすがに45歳ではまだ早いのではないかと思いますが、50歳を超えたら、そろそろ次世代への資産の移転や資産の取り崩しを考え始めてもいいかもしれません。

誰でも年相応に健康不安は出てくるものですから、気力や体力が充実している老後の前期に、人生を楽しむためのお金を使うのです。その際にお勧めしたいのが**「取り崩し運用」**です。

単に取り崩すだけだと、資産が減っていく一方ですから不安になります。仮に2000万円の貯蓄があったとしても、毎月10万円ずつ使っていけば約17年後には底を突く計算です。55歳で取り崩しをスタートした人の場合には71歳8カ月でゼロになってしまいます。

しかし、資産を運用しながら取り崩していけば、その分、資産の寿命を延ばすことができます。今の例でも資産を年5％で運用していたら、蓄えがゼロになるのは89歳6カ月です。「ゼロで死ぬ」ことを

目指す方だと、なかなか資産が減ってくれなくてイライラするかもしれません（笑）。

毎月少しずつ取り崩していくやり方なら（積み立ての逆）、投資資産を売却するタイミングも分散できますから、資産が大きく値下がりした時に全部売ってしまう失敗も回避できます。

毎月の取り崩しには、大きく2つの方法があります。毎月同じ金額を引き出す**「定額取り崩し」**と、毎月資産の一定割合を現金化する**「定率取り崩し」**です。

定額取り崩しは分かりやすく、使う際の予算立てもしやすい半面、資産残高が減るスピードは定率取り崩しよりも早くなります。一方の定率取り崩しは資産を長持ちさせますが、計算が面倒な上に、資産が大きく値下がりした月には受け取る額が激減してしまう問題があります。

中には、「取り崩し運用は良さそうだけど、毎月手続きをするのが面倒くさい」とお考えになる方もいるかもしれません。証券会社によっては、最初に設定をしていただくだけで後は毎月一定の日に自動的に取り崩しをするサービスを取り扱っています。楽天証券でも投資信託の保有者を対象に**「定期売却サービス」**を実施しており、金額指定（定額取り崩し）、定率指定（定率取り崩し）、期間指定（いつまでの間、取り崩しを行うか）の3パターンでの指定が可能です。NISA口座でも利用できます。

専門家の有料の「コーチング」は極めて有効

ここまでお読みいただいて、老後に資産を有効に使っていくことや取り崩し運用などに興味を持ってくださった方もいるでしょう。そうした方は、実行に移す前に、IFA（資産アドバイザー）などの専門家に相談するのも一手です。

資産管理への意識の高まりを受け、街中でマネープランや保険の相談を行う会社が増えていますが、日本の場合、お金まわりの有料相談はまだ一般的とはいえません。相談サービスに対価を払うという文化がまだ定着していないともいえます。

これに対し、米国の個人は〝かかりつけ医〟のような感覚で専門家を雇っています。IFAやFPの他に、日本ではほとんど知られていないRIA（投資顧問業者）という職業もあります。こうした専門家は顧客の資産状況を把握してマネープランを作成し、将来の計画や目標額、リスク許容度などを加味しながら一緒に投資方針を決めていきます。

一連の流れの中でお金の専門家が果たす役割は「**コーチング**」です。人生のゴールに向けた長期投資が前提になりますから、マーケットなど外部環境が変化してもぶれずに投資を継続するよう見守り、助言していくわけです。例えば金融ショックが起こり、パニック売りをしてしまいそうな時に、「今回のショックは一時的な急変の可能性が高いので、今は慌てて全部売らない方がいいですよ」とアドバイスしてくれる専門家が隣にいたら、どんなに心強いでしょう。そして実際、リーマン・ショックやコロナショックでも売らずに持ちこたえた人が、現在、投資の果実を手にしているのです。

ライフプランやマネープランは個人的な要素が強いので、全員に当てはまる正解はありません。ですから個別に専門家のカウンセリングを受けるのが望ましく、今の例のように無意識に間違った判断や行動をしてもアジャストしてもらえます。投資の経験値の高い方ならある程度ご自分で修正が可能でしょうが、金融知識に自信がないと感じる方には、特に〝コーチ〟の活用が有効かと思います。楽天証券ではそうしたアドバイスニーズに対応できるよう、ＩＦＡによるサービスを提供しています。またまだ小規模ですが、「**ｗｉｔｈ アドバイザー®**」という社員アドバイザーによる相談サービスも開始しています。

「お金を使う不安」をなくすお手伝いも私たちの仕事

楽天証券はＩＦＡの広範なネットワークを持っており、必要なお客さまには個別相談サービスをご提供しています。

実は、そのＩＦＡから聞かされた大変興味深いエピソードがあります。

ある60代のお客さまから今後のマネープランのご相談をいただいた際、お客さまに「これからの人生でやりたいことはありますか？」とお尋ねしたら、「ポルシェがほしい」とおっしゃったのだそうです。「それなら今すぐ購入されたらいかがですか？　現在の資産状況なら十分可能ですよ」とお伝えしたところ、「ホント？　買ってもいいの？」と驚きながらも大変喜んでいらしたそうです。

ＩＦＡは相続資産や終活の費用を取り置いた上で、お客さまの寿命を平均寿命より長めの95歳や100歳に設定し、いかに保有資産を取り崩していくか、といったご提案をしていたようです。60代だとリタイアしてから日が浅く、退職金もほぼ手を着けずに残していらっしゃるので、比較的資産が潤沢なお客さまが多いのです。そこで、お客さまにやりたいことや欲しいものはないか確認したのでしょう。結果的に欲しかったポルシェが買えることが分かり、お客さまにとってはうれしいサプライズとなったようです。

にこやかな表情でポルシェのハンドルを握るお客さまの姿が目に浮かぶようで、私も大変うれしく思った次第です。

何度も申し上げているように、お金はあくまで人生を楽しむための手段に過ぎません。にもかかわらず、日本人にはその手段のところで必要以上に不安がっている方が多いようにお見受けします。

それならば長期投資で必要な資産を確保し、そのことで余計な不安をなくし、もっとご自身の仕事ややりたいことにフォーカスしていただきたいと思います。その不安をなくすお手伝いをするのが、私たちのような金融機関の役割なのです。

金融機関の言いなりに投資をする必要はない

しかし、残念ながら今の金融業界は、必ずしも楽天証券が目指すような方向性にはなっていません。旧態依然として、「金融機関はお客さまに何かしらの商品やサービスを提示し、それをお客さまが購入する。そして金融機関が手数料を得る」といった利益構造がまかり通っているからです。

17年3月には監督官庁である金融庁が「**顧客本位の業務運営に関する原則**」を公表し、金融商品の販売や助言、商品開発、資産管理、運用などの業務では顧客の利益を最優先することを求めました。その結果、多くの金融機関は表向きには「長期の資産形成をサポートする」と言いながら、実際には短期や中期での金融商品の売買を助長するような働きかけをしています。そうしないと手数料収入が得られず、経営が立ち行かなくなるからです。

投資は高い専門性を要する分野ですから、経験が少ない方には分かりづらい面もあります。専門家に「お任せください」と言われれば、つい頼りたくもなるでしょう。しかし、投資の原資となるのはお客さまの大事な資産ですし、資産形成の主役はあくまでお客さまであることは忘れないでいただきたいと思うのです。

何を目的に、どんなふうに資産を増やしていくのか。高度な金融知識は必ずしも必要ありませんが、軸となる自分自身の考えはしっかり持っていないと、金融機関にいいように振り回されてしまうことにもなりかねません。

例えば、富裕層や高齢者などに対して、「**仕組み債**」や「**外貨建て保険**」など、本質的なニーズのない複雑な仕組みの商品を販売している金融機関があります。

これらはオプションなどの派生商品や金利の高い外国商品をからめた複雑な仕組みを持っているため、実は、内包する商品の中で発生する様々な費用に自社の利益を上乗せして稼いでいるような商品です。そのため、お客さまが買う時にはかなり高い価格で売り、売る時にはかなり低い価格で買い取っているのが実情です。ですから、一見すると超低金利のわが国ではかなりの利回りが出るように見えますが、実は取っているリスクに対して提示されている利回りはかなり低く、派生商品や海外投資もからんでいるため、損失もあり得ます。

そうした商品には本来、お客さまからのニーズはありません。一つの高度な運用商品として、商品性を理解でき、投資する余裕資金のあるお客さまに限って提案・提供するのであれば、ダメだとは言えません。しかし実態としては、金融機関が手数料稼ぎを目的に、仕組みを理解できない高齢者や退職者などに販売してきた経緯があります。大きな損失を出した結果、お客さまとのトラブルも数多く発生してきました。金融庁はこうした行為に対して、かなり厳しい姿勢で臨んでいます。

トレードには知的好奇心を刺激する効用も

長期投資でコアの資産を確保した上で、余裕資金を使って楽しむなら、トレードは大いに結構だと思います。

実際、お客さまの中には、マーケットの動向に一喜一憂しながら取引するのが楽しいという方もいらっしゃいます。日々のニュース報道を見ながら、「この出来事は株式市場にどんな影響を与えるのだろうか」「私が今注目している銘柄は上がるのか、下がるのか」と考える。そして、市場動向に応じてタイミングを図りながら、ここぞというところで売買する。

株式投資は最高の知的エンターテインメントです。その面白さに引き込まれ、一種の生きがいとしてトレードを楽しんでいるお客さまもいらっしゃいます。

最近はリタイアした後にデイトレードを始めるシニアのお客さまが増えています。仕事を離れても世の中との接点を失いたくないという方にとって、トレードは旺盛な知的好奇心を刺激する存在になっているようです。70代や80代でお元気にトレードをされているお客さまを見ると、株式投資が老化や認知機能の低下の防止に一役買っているのではないかとも思えます。

このように日本でも幅広い世代に投資が広がっていますが、米国に目をやると、さらに一歩進んで、投資が「ゲーム化」しているような印象があります。

普通にオンラインゲームをプレーするような感覚で、ぽんぽん注文を出すといった感じでしょうか。最低投資単位が低く、さらに、ロビンフッドのような売買手数料無料の投資アプリが広まっていることもありますが、米国の投資というのは、既にそうした段階まで行き着いてしまっています。

見方を変えれば、それは投資が決して特別なことではなく、日常生活の一部として根付いているという証拠でもあります。日本でもＮＩＳＡで投資人口が拡大してきたこともあり、そう遠くない将来には今よりもっと気軽な感覚で投資できる時代が来るかもしれません。

個人投資家ではなく「生活者」ではないか

そうした中で私が今、強く違和感を覚えているのが「**個人投資家**（Indivisual Investor）」という言葉です。今の日本では個人が投資をしたら、自動的に個人投資家に分類されてしまうのが現状です。

しかし、それはちょっと違うのではないかと思います。

本書の中でも、長期投資とトレードは別物だという話を何度かしてきました。トレードが好きで積極的にトレードをされている方は、確かに個人投資家と言ってもいいでしょう。

しかし、経済的な安定や老後資金の確保のために長期投資をしている方は投資家というより、むしろ「生活者」です。こうした方々は、銀行で積み立て貯蓄をしたり、勤務先で財形貯蓄をしたりするような感覚で、税制面で有利なＮＩＳＡやｉＤｅＣｏの制度を使って資産形成をしているわけで、それはトレードとは明らかに異なります。

日本の大手シンクタンクが3年おきに実施している「生活者1万人アンケート」によると、コロナ禍を挟んで株式や投資信託を保有する人の割合は大きく増えているようです。

18年と21年のデータを比べると、25～29歳が11・3％増の17・9％、30～39歳が5・6％増の19・1％と、若い世代を中心に急激に伸びています。新ＮＩＳＡでの利便性向上もあり、24年はさらに一段上に行くのではないかと見ています。

急速な投資の民主化を支えるのは、長期投資を基本とする「マス生活者」層です。そして、今後は米国同様に日本でも、「個人投資家」ではない「普通の生活者」の中から、「となりの億万長者」が続々誕生してくるように思います。

Interview

個人投資家

沖縄移住 アラサー夫婦さん

投資の力も借り、沖縄で セミリタイア生活

資産総額／6300万円程度
資産構成／海外投資信託などでのインデックス投資（約3割）、高配当株投資（約6割）など
家族構成／夫（本人・34歳）、妻（33歳。上のイラストも）
投資歴／ 7年目。YouTube、インスタグラム、Xでの情報発信が現在の仕事

もともと関西在住だったアラサー夫婦のおふたり。2017年から6年ほどかけ3000万円超の資産をつくり、22年に夢だった沖縄移住、そしてセミリタイアを果たしました。2人とも社会人になってしばらくは奨学金などの借金を合計600万円抱えていましたが、沖縄移住という目標を定めてから、転職による収入アップ、お金の使い方の見直し、副業、投資などにより年々資産を増やしていきました。投資デビューは18年の「つみたてNISA」で、ふとしたきっかけから。ご自身は「僕は凡人で」と謙遜しますが、セミリタイアに向けた計画性と行動力は並大抵ではありません。アラサーという若さで目標を達成したのはあっぱれです。

●著書は『7年で資産4000万円を達成したアラサー夫婦のゆる早セミリタイア』（主婦と生活社）

コンビニで見た雑誌で知り「つみたてNISA」で投資デビュー

僕が投資を始めたのは2018年。仕事の昼休みに立ち寄ったコンビニでマネー系の雑誌をたまたま手に取り、「つみたてNISA」が始まることを知ったのがきっかけです。その頃、よくメガバンクの店頭などでNISAを宣伝する幟《のぼり》を目にしていました。「NISAって何やろう？」という程度の認識だったのですが、雑誌を読んで「銀行で見たのはこれか！」と。積み立て投資なら貯蓄感覚で自分にもできそうな気がして、すぐに口座開設することにしました。

実は社会人として働き始めた頃、僕は奨学金、妻は奨学金＋スキューバダイビングの資格取得費用として合計600万円の借金を抱えていました。当時の仕事は、僕が理学療法士で妻はアパレル販売員。年収は高いとはいえず、借金返済と家計管理のまずさから、お金がほとんどたまらない状況でした。

ですが16年に2人で初めて沖縄旅行をし、すっかり魅了されたんです。透き通るような青い海に象徴される豊かな自然、人の温かさ、沖縄料理の美味しさ……。それをきっかけに度々訪れるようになり、次第に移住を考えるようになりました。特にスキューバダイビングが趣味の妻には沖縄は最高の場所で、自分ももちろん移住を希望しているけれど、妻の夢を何としてもかなえてあげたいという思いの方が強かったですね。

沖縄でどう暮らすのかを考えた時に、これこそが自分たちが目指すスタイルだなとしっくりきたのが「セミリタイア」です。仕事を完全に辞めて資産の運用収入だけで生活する「FIRE」とは異なり、趣味など自分の時間を楽しみながら、生活費の一部を週2〜3回のアルバイトや個人事業などで稼ぎ、不足分を資産収入でカバーするという暮らし方です。セミリタイアであればFIREほど多額の資金を準備する必要がありません。僕たちは移住に必要な資金を1000万円と定め、20年までにためることを目標に掲げました。

投資を始めて「人生変わるかな？」と希望の光が見えた

そんなわけで、17年から移住に向けた資産形成に取り組むようになりました。「やれることは何でもやろう」という覚悟で、僕も妻も転職による収入アップを図り、お金の使い方も見直して借金返済と資産形成を進めました。預貯金だけではなかなか資産が増えないことを実感していた矢先、先ほどのつみたてNISAに出合い、まずは僕が口座を開設して月5000円からそろりと積み立て投資を始めてみたんです。最初は投資信託の人気ランキングを見て、上位銘柄から3本組み合わせて始めましたが、インデックスファンドとアクティブファンドの区別もついていないレベルだったので、後になって3本のうち2本が「信託報酬の高い投信」だったことに気付きました。

そこで反省し、インデックスファンドを選び直して積み立てを続けました。考えたのは、信託報酬が少しでも安く、1本持つことで幅広い分散投資が可能になり、かつ資産の成長に期待ができること。結果として**全世界と全米の株式に投資する投信**に落ち着きました。この失敗から、その後は投信の目論見書を読んだり運用報告書に目を通したりして、商品の内容をきちんと把握するようになりました。お金の面で苦しい生活をしていた中でも投資を始めたことによって、ちょっと未来が明るくなったというか、「人生変わるかな？　豊かになるかな？」という希望の光みたいなものが見えてきましたね。

こうして20年に目標である1000万円を達成しました。ただ、ここまでは投資というより収入アップとお金の使い方の見直しによる成果が主です。収入に関していうと、僕は週6日勤務、年末年始や祝日も出勤というハードな働き方をして、夫婦で年収を300万円アップさせました。目標が明確だったのであまり苦ではなかったです。

20年から21年にかけて、資産は1000万円から2000万円超に増えました。こちらはまさに投資のおかげです。20年からは妻もNISA口座を開設しました。つみたてNISAではなく一般NISAを選んで**高配当株投資**を始めたんです。それまでの2年間はインデックスファンドの積み立てしかやってこなかったのですが、理想のライフスタイルや沖縄での生活を考えたときに、「**インデックスファンドでの積み立て投資（以下、インデックス投資）＋高配当株投資**」という二刀流が最適ではないかと思い至りまして。インデックス投資は長期運用することで将来の生活に豊かさをもたらし、高配当株投資は定期的に支払われる配当金で今の生活を豊かにしてくれると思ったのです。

本から学び、コロナショックにもひるまず300万円以上投資

20年はコロナショックの年でもありました。少し知識も付いてきたので、株式相場が暴落したところで日本株と共に**米国の高配当株ETF**をたくさん買いました（米国株の高配当投資は主にETFで行っています）。日本株でいうと現在も保有比率の高い**東京海上ホールディングス**や**三菱商事**など、米国高配当株ETFは**VYM**や**HDV**などです。日頃つみたてNISAで利用しているインデックスファンドも課税口座で買い増ししました。トータルで300万〜400万円程度つぎ込んだと思います。

暴落にひるまず思い切って買えたのは、投資を始めてからの2年間にいろんな投資の本を読んで勉強してきたおかげです。手始めに雑誌で紹介されていた『ウォール街のランダム・ウォーカー』（バートン・マルキール著、日本経済新聞出版）を買って読みました。でも、全然分からなくて（笑）。次に『敗者のゲーム』（チャールズ・エリス著、日本経済新聞出版）を読んだら、こちらの方がま

だ分かりやすいかなと。その次に『株式投資の未来』(ジェレミー・シーゲル著、日経BP)を読んだら、またちょっと分からなくなったんですが(笑)、繰り返し読んでいるうちに少しずつ用語を覚え、「投資ってこういうことなんだな」を自分なりに理解していきました。そしてどの本にも「**暴落時はチャンス。資産を増やすには暴落時に買え**」ということが書かれていたんです。

全部で20冊ぐらいの本を読んで投資の知識を身に付けました。この2年間の勉強が、その後の成果に結びついたことは間違いないですね。副業として始めたYouTube「アラサー夫婦の沖縄移住セミリタイア計画」の配信も軌道に乗り、収益化していったことも資産の増加につながりました。

一方、父が亡くなったのもこの年です。61歳でした。当時僕は30歳で、父が亡くなった年齢を考えると残りあと半分。死は誰にでも必ず訪れることを実感し、改めて「この先の人生、ほんまにどうしたいのか」と自分と向き合い、沖縄移住したいという気持ちを再確認しました。実現に向けてのモチベーションもアップし、資産形成や移住の情報収集など準備に一層注力するようになりました。22年6月、遂に沖縄に移住した時には資産は3000万円超に膨らんでいました。

業績がよく増配傾向なら配当利回り2%以上でよしとする

現在の資産は次ページのグラフの通り、総額で6300万円程度です。資産配分は❶**海外投信**

が約1800万円（28・6％）、❷**米国ETF**（一部個別銘柄）が約2200万円（34・9％）、❸**日本株の高配当銘柄**が約1800万円（28・6％）、❹**現預金が約500万円**（7・9％）です【図表1】。

内訳をさらに詳しくお話しすると、❶はインデックス投資の部分で、以前「楽天・全世界株式インデックス・ファンド」と「楽天・全米株式インデックス・ファンド」で積み立てをしていた分と、現在積み立てをしている「eMAXIS Slim 全世界株式（オール・カントリー）」と「SBI・V・全米株式インデックス・ファンド」の合計額です。この部分が資産全体の約3割になります【図表2】。

❷と❸は高配当株投資の部分で、合計で資産全体の約6割です。❷の米国高配当株ETFは前述のVYMやHDV、それから**SPYD**、**VIG**、**PFFD**なども保有しています。米国高配当株については23年から個別銘柄にも投資を始め、**ブリティッシュ・アメリカン・タバコ**や**ファイザー**、米国大手通信事業の**ベライゾン・コミュニケーションズ**などを買っています。

❸の日本株の高配当銘柄は全部で70銘柄ほど保有しています。保有比率が高いところでいうと、先ほども挙げた東京海上ホールディングスと三菱商事、加えて**三井住友フィナンシャルグループ**、**伊藤忠商事**などの大型高配当株です。これ以外で好みの銘柄を挙げると**全国保証**ですね。独立系

図表1 アラサー夫婦さんの資産構成

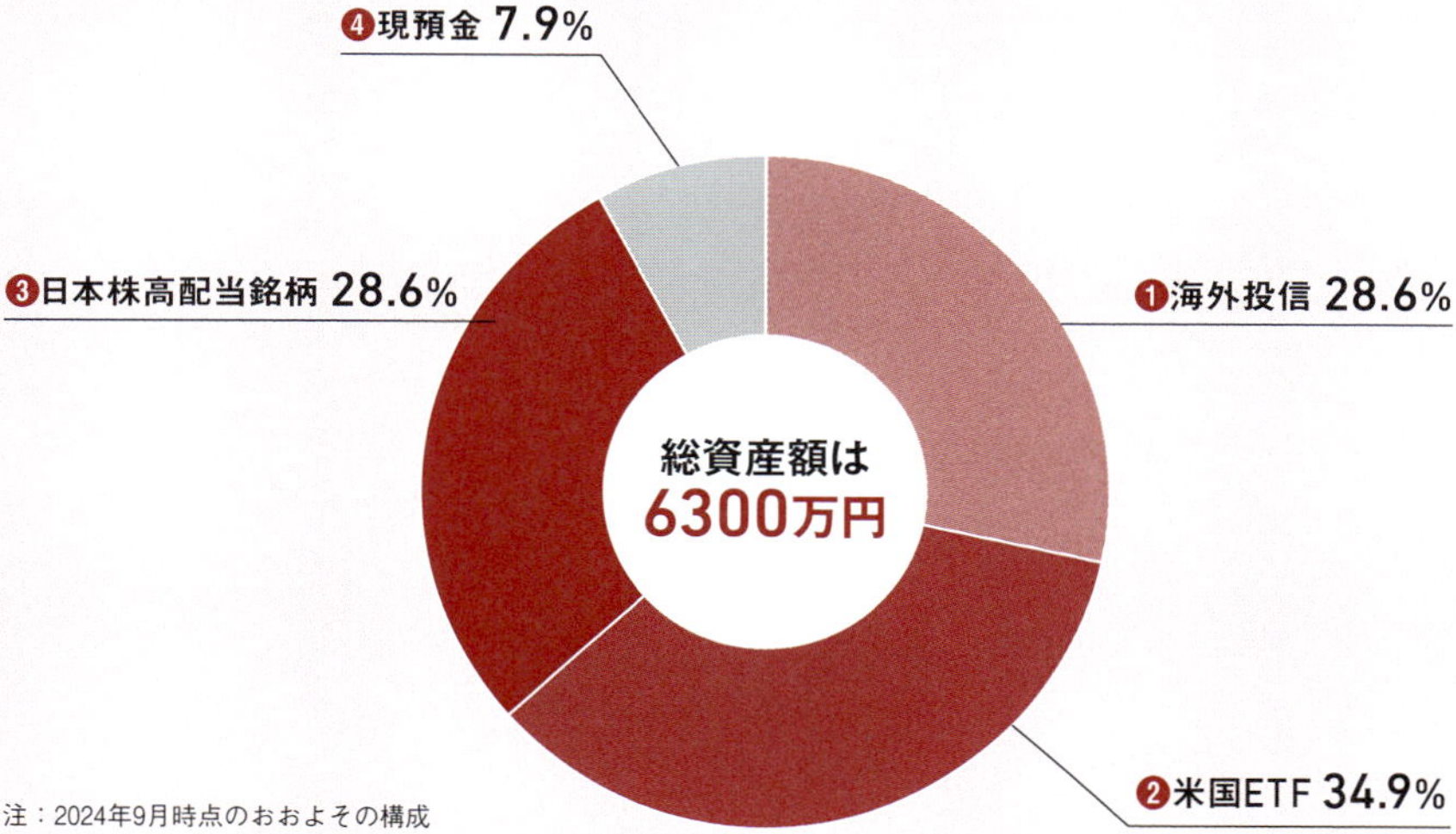

注：2024年9月時点のおおよその構成

図表2 海外投信、海外高配当ETFの内訳

①海外投信
楽天・全世界株式インデックス・ファンド
楽天・全米株式インデックス・ファンド
eMAXIS Slim 全世界株式（オール・カントリー）
SBI・V・全米株式インデックス・ファンド

②米国高配当株ETF
VYM（バンガード・米国高配当株式ETF）
HDV（iシェアーズ・コア 米国高配当株ETF）
SPYD（SPDR®ポートフォリオS&P500®高配当株式ETF）
VIG（バンガード 米国増配株式ETF）
PFFD（グローバルX 米国優先証券ETF）

注：2024年9月時点

信用保証会社の最大手ですが、配当利回りが高く、株主優待もQUOカードやカタログギフトが選べます。※株主宛てに定期的に送られてくる決算報告書や株主通信などに具体的な配当方針の説明が書かれていて、実際その通りに配当が増えてきているので信頼できると見ています。

❹の現預金は普段の生活費や新規の投資のためにプールしているお金です。❶で挙げた投信は夫婦共にNISAのつみたて投資枠を満額使い、月10万円（年間120万円）ずつ買っています。❷や❸についてはNISAの成長投資枠や課税口座を使い、株価が下がったタイミングで保有銘柄を買い増したり、新規の銘柄を買ったりしています。

僕の場合、日本株の高配当銘柄を選ぶ主なポイントは、**業績が上がっていること、売り上げや1株当たり純利益（EPS）が上がっていること**（もしくは横ばい）などです。配当利回りは2％以上ならよしとしています。以前は目先の配当利回りが4％台など高いほど魅力的に感じていましたが、長い目で見ると業績が上がっていることや増配が続くこと、増配率が高いことの方が重要だと思うようになりました。

24年8月5日の歴史的な暴落時にも、もちろん買いました。「下がってうれしい」みたいな感じで、**稲畑産業**、**本田技研工業**、**東京エレクトロン**、**クボタ**、**ヤマハ発動機**などを買い増しましたね。東京エレクトロンは配当利回り的には低めですが、半導体の業績が今後伸びていけばある程度増配

※全国保証は2026年3月31日を基準日として株主優待を廃止し、配当等による利益還元を行っていくと発表

をするだろうという見立てで買っています。

投資は資産形成の一つの手段。実は期待しすぎてはいない

沖縄での暮らしは、もうめちゃめちゃいいですね。関西に帰りたいとは全然思いません。毎朝7～8時に起床し、夜は0時までには就寝するという健康的な生活で、晴れた日は海まで散歩に行ったり買い物に行ったり、畑仕事や釣りをしたり。畑仕事や釣りでは地元の人にずいぶん助けられています。沖縄の県魚でもあるグルクン（タカサゴ）という魚がいるんですが、釣り方を実に丁寧に教えてくれて、オリジナルの釣りの仕掛けとかもプレゼントしてくれます。「どうしてそこまで」と尋ねると、「自分たちも先輩に同じことをしてもらったから」と。沖縄の人の良さを改めて感じたエピソードです。

雨の日は概《おおむ》ね自宅でYouTubeの動画制作などの仕事をしています。晴耕雨読の毎日ですね。投資については朝晩株価をチェックする程度で、そんなに時間をかけてはいません。情報源として参考にしているのは、**日本経済新聞電子版**や信頼できるSNS、例えばYouTubeの「**両学長 リベラルアーツ大学**」、ブログの「**三菱サラリーマンが株式投資でセミリタイア目指してみた**」などです。

YouTubeで投資の情報発信もしているのに矛盾するようですが、実は投資に期待しすぎていないというか、「投資で人生変えるぞ！」というところまではのめり込んでいないんです。投資に希望の光を見いだしたのは事実なのですが、あくまで資産形成の一つの手段に過ぎない、と距離を保って取り組んでいます。

そもそもビビリな性格なので一発勝負のような投資法は怖いんです。今のような比較的堅実な投資法は、リスク許容度からいって自分に向いていると実感しています。短期的な大もうけはないけれど、その代わりに負けにくい投資法ですからね。「インデックス投資＋高配当株投資」というスタイルはすごく心地よく、資産も順調に増えているので今後も続けていくつもりです。

ある程度資産形成できたことで選択肢が確保できたのは幸せ

世の中にはいろんな投資方法の情報がありますが、これから投資をしたいと思っている人は、自分の**リスク許容度**や自分の知識に見合った方法、身の丈に合った方法で取り組むのが重要だと思います。

お金は目的を叶えるための道具に過ぎません。道具の使い方の最低限の知識、つまり金融リテラシーを身に付け、ある程度情報収集した上で「これだったら自分でもできそう」と直感したものから始めるといいと思います。僕の場合は本から学びました。僕は不動産投資やFXはとても無理だと感じたのですが、「つみたてNISAなら、商品を選んで積み立ての設定をするだけだからできる！」と思えたんです。今なら新NISAのつみたて投資枠からでしょうね。

そして僕らのようにセミリタイアを希望している人はまず、なぜセミリタイアしたいのか、それから「セミリタイアした後の理想の生活」を言語化するところから始めてみてください。

僕自身は全くの凡人ですから、当時の実生活と、早期退職して資産収入を得ながら生活するセミリタイアというライフスタイルとの間に、ものすごいギャップがありました。「人の2倍、3倍の努力をしないと、沖縄でのんびり暮らすなんてとてもできへんよね」と痛切に思ったのです。お金の凡人が投資だけで人生を変えるのは難しい、だから本業の仕事も節約も副業も頑張って、総合力で達成しようと邁進しました。ガチでセミリタイアしたいなら、やれることは全部やる！という覚悟が大事です。資金計画も何度も立て直しました。周りからは何で仕事を辞めるのかとか、なぜ投資をしているのかとか、いろいろ言われましたが、2人で「こういう生き方がしたい」と覚悟を決めて取り組んだ結果が今です。

今のところ、投資資産は損出し以外ではほとんど売却せずに保有していますが、ある程度資産形成ができたことでいろんな選択肢が確保できたのは幸せだと感じています。沖縄に移住するという当初の目的を果たして今は次の段階に進み、「人生の中で一度ぐらい家を建ててみたいな、家庭菜園ができるスペースもあるといいな」なんてことも考えています。将来的には夫婦だけでなく、親や友人などともハッピーに暮らしたい。それには自分自身にもっと金銭的、時間的、心理的な余裕が必要です。投資は確実にその助けになってくれると思います。

僕らは資産形成をしてきたことで、自分らしい生き方を実現する土台を手に入れられました。これは紛れもなく先人の方々の情報発信があったからこそです。

恩返しという大それたことではありませんが、次は僕らが誰かの投資デビューのきっかけになれたらと思い、SNS活動を続けています。

自分らしく生きられる人が増えたら、きっと今より素敵な社会になると信じて。

Chapter 7

これから投資を**はじめる方**へ

家計の健全性へのヒント

（角谷教授）

これまで、投資のコツと投資を継続するために気をつけることについて述べてきました。これらは、野球に例えればボールを投げたり、打ったりするような、動作の基本となる重要なことです。

一方で、野球を含むすべてのスポーツがそうであるように、技術うんぬん以前に重要なものがあります。それは睡眠や規則正しい生活を基本とした、「健康管理」です。そもそも体が健康でなければ必要な動作を行うこともできません。

もちろん、投資にとっても体の健康は重要なのですが、投資における健康とはむしろ、家計の健全性にあります。個人にとっての投資とは家計の余剰資金で行うもの。まずは家計を把握できなければ自身に余剰資金があるのかどうかも分かりません。また、余剰資金のある、家計の健全性が維持できないようでは、そもそもお金を投資に回すべきではありません。

本章では、特にこれから投資をはじめる方に向け、投資における家計の健全性とその維持に関するヒントについて記します。

何からはじめるか

図表1 ベイビー・ステップ

1. 1000ドル（約10万円）の非常資金を用意
2. 借金（住宅ローンを除く）を完済
3. 生活費3～6カ月分の貯金
4. 家計収入の15％を投資
5. 子供の大学進学資金の用意
6. 住宅ローンの早めの完済
7. 富を蓄え社会に還元

米国のデビット・ラムジーは全米屈指の「お金の専門家」です。第1章で紹介した全米のミリオネア調査を手掛けたラムジー・ソリューションズを主宰しています。彼の家計の悩み相談番組「ラムジー・ショー」は全米屈指の人気ラジオ番組で毎週1300万人が耳を傾けるといいます。[1] ここでは彼が「ベイビー・ステップ」と名付けた、「何からはじめるか」の有名な回答を紹介します。

1の「1000ドルの非常資金を用意」は、日本の場合であれば概《おおむ》ね「10万円」と解釈してよいでしょう。あなたが既に10万円を持っていれば新たに用意する必要はなく、そのお金に「非常資金」と名付けるだけです。これは日常に起こり得る、急な出費が必要なこと、例えば「通勤車のパンクの修理」、「友人の結婚へのご祝儀」、「お世話になった人の不幸に対するお見舞い」に対応するための非常資金です。

2は「住宅ローン以外の借金の完済」。ステップの中で多くの人が最も苦しむところです。米国のみならず、日本でも例えば大学の授業料を借金で賄っている人は若い人でも数多くいます。一方で、米国と日本の学費ローンで異なる点は、日本の場合、日本学生支援機構（JASSO）などからの無利子の貸与奨学金割合が比較的高いことです。基本的にインフレ率を下回る年利の負債は返済を急がない方が有利な場合がありますので、貸与奨学金の種類が無利子であれば、住宅ローンのように返済を急がないことも悪くないアイデアだとは思います。

しかし、そうはいっても負債は負債。負債があると必要以上に「やりたくない仕事」を請け負わざるを得なくなったり、不利な立場に立たされたりすることが多いのも事実です。また、安田財閥の祖としても有名な日本の銀行王・安田善次郎も、蓄財の根本について「個人または社会的に優越となる、生存の基盤を確定すること」と記しています。ここではまず、「生存の基盤を確定する」ための蓄財の第一歩として全力で借金を返済することが勧められます。

なお、**借金の返済にはコツ**があります。複数の借金（例えば金利2％、3％、4％）のものがある際、「金利は一切無視して額の小さいものから片付けろ」というものです。ラムジーはこれを「借金雪だるま方式（Debt Snowball Method）」と呼んでいます。もちろん、数学的には、額の大きさではなく、金利の高い借金から返済するのが合理的なのですが、ラムジーによると、このように複数の借金を抱えた状態から立ち直るにはまず勢いをつけることが重要だと説きます。

つまり、何でもいいから借金を一つ片付けてしまうとその勢いで他の借金も完済できるという、ある意味で人間の認知の歪《ゆが》みを利用した方法です。なお、このことは、未来の成功に対してポジティブなバイアスをもたせる「タスク完了バイアス（Task Completion Bias）[2]」の一種とも考えられます。

確かにこのようなことは私たちの日常でもあります。受験勉強で英語の配点が一番高いとしたらまずはそこから勉強するのが合理的ですが、英語が苦手だったりするとなかなか勉強そのものを始められない、といったことは誰にでもあると思います。そういう時は、配点は無視して思い切って好きな科目（例えば「社会」）をみっちり勉強して、その勢いで英語を克服する方が案外効率的だったりするものです。

現在、複数の借金を抱えている方はぜひ試してみてください。なお、この段階では生活を切り詰めるだけでなく、許される状況があれば本業に加えて「サイドハッスル（副業）」も積極的に行い「**一気に片付ける**」ことが重要とされます。

3 は「生活費3～6カ月分の貯金」です。あなたがもし健康で、働き始めてまだ数年の20代の若者であれば3カ月程度の貯金でよいかもしれません。しかし、年齢を重ね、扶養する家族がいる場合などはこれでは足りないでしょう。少なくとも6カ月程度の生活費をためることができれば、勤め先が倒産したり、コロナパンデミックのような予測不可能な「災害」に巻き込まれたりしても、まあ何とかなると言えるレベルになるでしょう。

4は「家計収入の15%を投資」。いよいよ資本主義の特徴を生かす投資の開始です。ラムジーは収入の15%で投資信託を買うように勧めていますが私も概ねこれに賛成です。15%という数字自体はラムジーの「経験則」とのことですが、例えば毎月の手取りが20万円の人なら毎月の投資額は3万円となり、まあ実現可能な目標かもしれません。

もっとも、私自身は、15%という数字の是非はともかく、特定の数字への意識が家計の把握につながるという点が重要だと考えています。例えば、手取りの15%を投資するなら、家賃や食費、光熱費や交際費といった生活費はどれくらいに抑えなければならず、そのために何をしなければならないかといったことが見えてくるからです。そのために家計簿を付ける習慣ができるかもしれません。家計を改善する、その努力を始めるきっかけになるという意味で具体的な数字を用いることに意味があります。

5～7は子供の有無や家族構成等によっても大きく変わってくるでしょうから、必ずしもすべての人に当てはまるとは言えません。ただ、最後の「富を蓄え社会に還元」というのは個人的には美しいス

図表2 倹約の方法

- ☑ 借金を避ける
- ☑ お金を一切使わない日を設けてみる
- ☑ 自炊する
- ☑ 喫茶店の利用は避ける
- ☑ 日用品の工夫（DIYで代替できるか）
- ☑ 不用品は売る
- ☑ クレジットカードをデビットカードに変える
- ☑ サブスクを見直す

テップだと感じます。

もちろん、蓄財にはある程度節約も必要です。上に、倹約の方法を挙げていますが、言うまでもなく、全部しなければならないということではありません。例えば、友人とのおしゃべりに、たまに喫茶店を使うのはとても有意義でしょう。ただし、節約を志すのであれば、そうしたささいなことにも気を配る姿勢は大切だと思います。

クレジットカード利用は、基本的に後払いとなることから、つい使い過ぎたり、使い方によっては金利の支払いが追加で生じたりする恐れがあります。事実、現金払いに比べてキャッシュレス払いで支出が増えることが研究で確認されており、これを「キャッシュレス効果」と呼びます。[3] このため「現金主義」の方が節約には向いています。

しかし、一方で、現代社会では様々な支払いで「キャッシュレス決済」が必須となる場面が増えているため、「現金主義」とまではいかなくとも、後払いや金利発生のリスクを下げるためには「デビットカード」の利用は良い方法の一つです。

現代の社会においてサブスクも注意すべき事柄です。もう必要なくなったサービスの解約を忘れて、少なくない額の定期支払いを続けている例は結構あると思います。サブスクがたくさんある方は、その見直しをスケジュールに組み入れて、定期的に点検するようにしましょう。

ライフステージや突然の災害が投資に与える影響

平穏に生きたいと思っても、なかなかそうはならないのが人生です。良いこともあれば悪いこともある。人生の節目、そして突然やって来る予期せぬ事態に、家計の健全性の観点からどう取り組めばよいのでしょうか。

言うまでもありませんが、私自身もその答えは知りません。しかし、私たちの研究成果のいくつかは、確実にそのヒントを与えてくれています。

まず、人生の良いことについて。一般論として、多くの人の人生に慶事として挙げられるのは、結婚と子供の誕生です。角谷ラボの鍋島萌花の研究によると、人間の時間割引率（≒せっかち度）はこれらに影響を受けます。

例えば、日本の個人約８００名を10年間追跡したデータを用いた鍋島の分析によると、**新婚の男性はせっかち度が下がります。**人生の伴侶を得て落ち着くのでしょうか。投資の計画は一般的にせっかち度が下がった時の方が長期的で冷静な判断ができます。新婚男性はこの機を生かして長期投資の計画を立ててみるのもよいかもしれません。同じく新婚女性は、この機にパートナーと資産計画について話し合うとよいかもしれません。

逆に、**子供が生まれると、男性の時間割引率は高まります。つまり、せっかちになります。**生物学的に、女性は妊娠期があるので母親の自覚を徐々に高められる一方、男性は妊娠しないので、出産直後に父親の自覚が急激に高まります。おそらく、これで良くも悪くも焦って「せっかち度」が高まるのかもしれません。このような状態は長期投資の計画には向きません。お子さんが生まれたばかりの男性は、投資の決断をする前に深呼吸でもしてみましょう。また、お子さんが生まれたばかりの女性は、パートナーがこの時期、短期目線になりがちなことを自覚し、うまくコミュニケーションを取ってみてください。

次に、人生の悪いことについて。2024年元旦、大きな地震が能登半島を中心に北陸地方を襲いました。このような自然災害による被災は人生の悪いことの一例です。私自身も帰省先で見慣れた地域が液状化し、少なからずショックを受けました。被災者の皆さんの一日も早い復興を祈ります。

さて、このような自然災害の発災時に被災地域にいた方は、投資においても注意が必要です。まず、**自然災害を経験した人は、リスク選好（リスクに対する考え方）に影響を受ける**ことが分かっています。

一方で、その影響は、災害の種類や地域によって異なる結果が報告されています。例えば、11年の東日本大震災では、強い地震を経験した男性がリスク友好的になり、震災後5年にわたって影響が持続したことが報告されています。[4] このことは、オーストラリアの洪水の調査でも、被災し、財産を失った人がリスク友好的になるという結果と整合的です。[5] 他方、スマトラ島沖地震の津波で被災したタイの調査では被災者はリスク回避的になり、[6] このことはベトナムの洪水で被災した住民、インドネシアの地震・洪水の被災者も同様の傾向を示しています。[7][8]

角谷ラボでは、OBの片受卓矢が在学中に16年の熊本地震の被災データを分析し、被災状況が深刻な地域の住民ほど発災後にリスク友好的になった結果を得ています。[9] また、その効果は発災後5年以内には消えたものの、しばらくは残ったとしています。

このように、振れ方の方向はともかく、自然災害の被災が人々のリスク選好に影響を与え、それが意外に長く残るというのは間違いなさそうです。

被災者の方、または家族や友人に被災者がいる方は、被災者が急にリスクを取りすぎる投資スタイルに変わったり、あるいは逆に全く投資を止めてしまったりといった変化がないか注意してみてください。 そして必要に応じてファイナンシャルプランナーなど、専門家の相談を受けてみるとよいと思います。

角谷ラボでは、現在も楽天証券ＡＩ・データ＆ヒューマンラボと共同で、24年の能登半島沖地震のデータを収集し、分析の準備を行っています。

私および私の研究室である「角谷ラボ」は、楽天証券株式会社との利害関係はありません。しかし、楠社長のリーダーシップの下、市井の人々のファイナンシャル・ウェルビーイングに資する研究は今後も共に続けていくつもりです。

本文中の注

1 トーマス・J・スタンリー、サラ・スタンリー・ファラー.（2021）.「その後のとなりの億万長者」（パンローリング株式会社）
2 KC, D.S., Staats, B.R., Kouchaki, M., and Gino, F. (2017) Task Selection and Workload: A Focus on Completing Easy Tasks Hurts Long-Term Performance. Harvard Business School Working Paper, 17-112,
3 Schomburgk, L., Belli, A., and Hoffmann, A.O.I.（2024）. Less cash, more splash? A meta-analysis on the cashless effect, Journal of Retailing 100（3）, 382-403, https://doi.org/10.1016/j.jretai.2024.05.003
4 Hanaoka, C., Shigeoka, H., and Watanabe, Y.（2018）. Do Risk Preferences Change? Evidence from the Great East Japan Earthquake, American Economic Journal: Applied Economics. 10（2）: 298–330.
5 Page, L., Savage, D.A., and Torgler, B.（2014）. Variation in risk seeking behaviour following large losses: A natural experiment, European Economic Review 71, 121–131.
6 Cassar, A., Healy, A., and von Kessler, C.（2017）. Trust, Risk, and Time Preferences After a Natural Disaster: Experimental Evidence from Thailand, World Development 94, 90–105.
7 Reynaud, A, and Aubert, C.（2019）. Do natural disasters modify risk preferences? Evidence from a field experiment in Vietnam, The Geneva Risk and Insurance Review 45, 36-74.
8 Cameron, L., and Shah, M.（2015）. Risk-Taking Behavior in the Wake of Natural Disasters, Journal of Human Resources 50（2）, 484–515.
9 本研究の一部は、内閣府総合科学技術・イノベーション会議の「SIP/バーチャルエコノミー拡大に向けた基盤技術・ルールの整備」（研究推進法人:国立研究開発法人新エネルギー・産業技術総合開発機構）によって実施されました。

Chapter

8

「投資の未来」を語り合う

私たちの正しい投資行動と楽天証券が提供できるもの

これまでの章ではそれぞれの立場から、伝えたい内容を交互に執筆してきた角谷教授と楠社長。最後のこの章では長時間にわたる対談を行い、楽天証券が国内株の取引手数料を無料化した背景、角谷ラボのようなアカデミアとのコラボレーションを行う狙い、日本人のファイナンシャル・ウェルビーイング実現のために何ができるか――などを熱く語り合った。そこからは私たちの取るべき正しい投資行動や、金融業界の目指すべき方向、AIアバターによる相談サービスなど、投資の未来が見えてきた。

楽天証券の「国内株の取引手数料無料化」の決断について

角谷　2023年10月には新NISA開始を控えた忙しい時期だったのに、国内株の取引手数料を無料化するという思い切った決断をされましたね。

楠　「ゼロコース」ですね。これは業界の中での競争上の意味もあったのですが、そもそも創業来、お客さまの投資コストを引き下げ

ていく努力はディスカウントブローカー（通常よりも安い手数料で売買の注文を行う証券会社）としての使命の一つと考えておりまして、その最も象徴的な部分として国内株式手数料はこれまで15回以上も引き下げを行ってきました。

19年ごろから海外では無料化の動きがどんどん出てきて、日本においてもこの動きは止められないという実感を持ちました。その上で、たとえ無料化をしても経営基盤は揺るぎなく、これまで以上にお客さまへのサービスを強化していけるということを確認できました。新NISAを前に、より多くのお客さまにご利用いただきたいという思いもあり、無料化に踏み切ったのです。

角谷　実は私は楠社長のこの決断は、社長がおっしゃる「お客さま志向のファイナンシャル・ウェルビーイング」を目指す上で、とても良い決断だったと思っています。

これまで、日本のほぼすべての証券会社の収益の基盤の一つは、投資家の株式取引による手数料収入でした。ですから、証券会社にとっては顧客である個人投資家が株の売買を頻繁に行うことは大きな利益になりました。

本書で述べたように「稲妻が輝く瞬間を逃さないための長期保有」が投資の王道であるとするならば、ここで顧客である個人投資家の利益と、証券会社の利益は相反します。

これはもはや証券業界自体が有する構造的要因なので、長期投資の重要性が叫ばれつつも、解決は非常に困難でした。

事実、私たち「角谷ラボ」が行った過去の分析でも、投資判断で最も参考にする情報源として「証券会社の営業員のアドバイス」を挙げた個人投資家は、その他の情報源、例えばマスメディアやSNS、知人・友人など自身の個人的ネットワーク等を頼りにした個人投資家のパフォーマンスを下回っている可能性があることが分かっています。

確かに、この分析はデータ収集ができた1年間程度の時期を切り取って行ったものなので、証券会社の営業員のアドバイスを頼った個人投資家のパフォーマンスが「常に悪かった」と言えるわけではありません。しかし、先に述べたように「証券会社の収益源=顧客の株式取引手数料」だと、必然的に「個人投資家が株の売買を頻繁に行うことが証券会社の利益になる」構造なので、私たちの分析結果が「たまたまだった」とは言い切れない可能性はやはり残ると思います。

その意味で、こうしたやや大げさに言えば「利益が相反する構造」を思い切って正した楠社長の決断は、顧客志向という意味でとても良かったと思います。

楠　国内株式取引手数料は、おっしゃるように業界における利益相反の問題を本源的にはらんでいます。しかし無料化を実施したのは、オンラインの一部の証券会社のみなので業界全体にわたるような根本的な問題の解消には至っていません。

また、今回の国内株式取引手数料の無料化については、既にネット証券ではかなり安価になっているものを、企業努力で一気に踏み込んだという側面が強いものです。

そもそも証券業界におけるお客さまとの利益相反問題は根深いものです。戦後の証券業界の役割は、富裕な個人などから産業界への資金供給でした。証券のみならず金融業はその基本的な性質として専門的な部分が多く、業者側とお客さま（特に個人）の間の情報や知識による格差が大きくなってしまいます。結果として、それに起因する業者側優位の商品やサービスの提供が行われがちになります。

ただこれからの時代は本文でも触れたように、各個人が公的年金に加え、自分でＮＩＳＡやｉＤｅＣｏなどを活用しながら資産をつくっていく時代になります。その際には、これまでの伝統的な金融業界における利益相反問題はどんどん解消していかなければなりません。

金融庁は数年前から「顧客本位の業務運営」を掲げ、金融業界全体に対して、お客さまからの信頼向上を図るよう、規制・ルールの強化や業界の自主的な改善を強く求めています。最近では仕組みが複雑な上、お客さまの理解も困難で、実質的に高いコストをお客さまに負担させてきた仕組み債や外貨建て保険などへのルール強化がなされました。

個人が資産形成をする上で、金融業界にはそもそも構造的に改めるべき課題がたくさん残っている状況です。まだまだ闘っていきます。

アカデミアとのコラボレーションの狙い

角谷　取引手数料無料化によって今の利益相反構造を廃した楠社長は、以前から「日本のチャールズ・シュワブになる」とおっしゃって、「アドバイス」を含む「顧客本位のサービス」を今後の収益の柱の一つに挙げていらっしゃいますね。私たち角谷ラボのようなアカデミアとのコラボレーションは日本の金融業界ではまだ非常に希少なわけですが、その辺を視野に入れての取り組みなのでしょうか。

楠　当社のビジネスにおいて、お客さまの取引チャネルは、オンラインサービスとＩＦＡと呼ばれる独立系ファイナンシャルアドバイザーとの対面サービスの２つがあります。オンラインにおいても徐々にお客さまの悩みに対応できるようなアドバイスの要素を組み入れたサービスが重要となると思いますし、楽天証券では既に電話やＺｏｏｍを活用した、社員によるアドバイザリーサービスも始めています。

資産運用大国である米国において、一定以上の資産のある人々やその家族は、たいてい金融機関や独立したアドバイザーを「かかりつけ医」のように活用しています。当社ではそのビジネスモデルを理解するために、毎年のように米国で直接アドバイザーから話を伺っています。

彼らのアドバイス活動の中で柱となるのが「コーチング」です。資産運用する個人は金融やマーケットの専門家でもないし、ましてや金融商品のプロでもありません。資産を運用していると、時にリーマン・ショック、コロナショックなど急激なマーケットの下落などに直面することもあります。また、いろいろなライフイベントの局面で常に冷静な正しい判断ができるわけでもありません。そういう時にアドバイザーはアカデミックな研究成果に基づいた行動ファイナンスの知見も参考にしつつ、お客さまの適切な行動を促すようなアドバイスをしています。

米国では、ダニエル・カーネマン教授やリチャード・セイラー教授などがノーベル経済学賞を受賞するまで研究が進み、金融分野のみならず幅広い研究成果が生まれ、知見の蓄積が進んでいます。ところが日本では、特に金融分野における日本人の特性を踏まえた研究は無きに等しい状

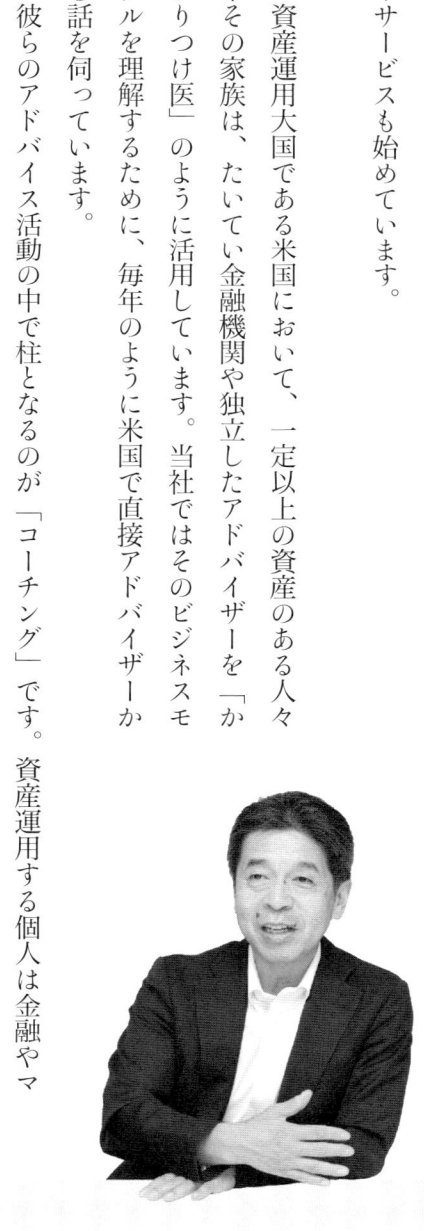

況です。私としては常々、本当にお客さまのお役に立てるようなアドバイザリーサービスを構築していくための基礎理論を求めてアカデミアとのコラボの機会を探しており、その最中で、幸いにも角谷先生に巡り会うことができたという次第です。

角谷　そうですね。行動経済学で人が合理的で望ましい行動を取るようにそっと後押しするアプローチを、「肘《ひじ》で軽くつつく」という意味で「ナッジ」といいます。

本書でも「パニック売り傾向チェック」を展開しましたが、顧客のちょっとした思考のクセから潜在的なリスクを読み取り備えることは学術的に可能です。

顧客が何かの拍子に資産形成にマイナスと思われる行動を取ったとき、顧客が望めば、ポップアップメッセージやアラートサインといったナッジ介入で、正しい、合理的な行動に戻るよう促すという取り組みは十分に可能です。もちろん、最終的な判断は顧客が自分で行うわけですが、顧客が望めば万が一に備えた介入もできるというのは良いですね。

学術的にはこうした介入の背景にある思想を「リバタリアン・パターナリズム（自由主義的父権主義）」と言います。ナッジはリバタリアン・パターナリズムの具体的な手法の一つです。

読者の皆さんも次のような経験があるのではないでしょうか。仕事でＥｘｃｅｌやＷｏｒｄを開いて作業している途中で、不意にそのファイルを閉じようとすると「変更を保存しますか？」というポップアップが現れ、そこにはデフォルトで「保存」が選択されるようになっています。これは、「最終的な判断は『あなた』が行うけど、特に強い意志がないのであれば保存しておいた方が無難ですよ」というプログラムからのナッジ介入。これがリバタリアン・パターナリズムの一例です。

特に日本は投資に関する教育の整備が十分でない状態で、新ＮＩＳＡなどの制度がはじまり、市場には基本的な知識が不十分な「投資初心者」が溢《あふ》れています。信じられないような投資詐欺が大流行しているのも、こうした状況を反映したものといえます。

そんな中、顧客が望めば学術的なエビデンスを基にしたナッジ介入を受けることができる。それは本当に「資産づくりの伴走者」として「顧客本位のファイナンシャル・ウェルビーイング」を目指す証券会社にとっては強みになります。やはりそういうことができる会社は安心感がありますし、「日本のファイナンシャル・ウェルビーイング」に貢献できますね。

私にとって楽天証券は共同研究者である以上の関係はないのですが、少なくとも私は「日本のファイナンシャル・ウェルビーイングに貢献したい」、そう思いながら研究をしています。

顧客の資産を守る　1 中高年の焦り

角谷　本書には掲載しませんでしたが、私たちの分析でもう一つ気になったのが、50・60代といった中高年の投資成果の低さです。この年代は、他の年代と比べて投資判断を専門家の助言に頼りやすい傾向があることとも一部関係するのですが、若い世代に比べて特に投資成績の悪さが目立ちます。また、同様の結果は22年の投資信託協会「資産運用に係る投資家及びIFAアンケート調査結果―損益状況が芳しくない投資家の特徴―」でも報告されており、中高年のパフォーマンスの悪さは私たちの分析結果のみにとどまらないことが確認できます。

楠　現在の高齢化社会においては、まさに50・60代は高齢の親の面倒を見たり、自分の退職後の資金手当をしたりと、将来に向けた資産設計が大切になる時期のはずなのに、悪い傾向が出ています。

当然、年齢的に給与水準はそれなりにあり、投資に取り組むための資金の余裕もあるでしょう。しかしそこには構造的な問題があります。まず我が国にはアドバイザーの数がまだ少ない。そして普通のサラリーマンの資産水準では、自分のために、一緒に資産のことを考えてくれるようなアドバイザーや金融機関の営業員は付いてくれない。そもそも金融機関の営業員は商品を売ることが会社の目標であり、お客さまの投資成果に対する優先度は低くなりがちです。結果として多くの方は自分で最大限の努力をし、いろいろ調べたり、人の話を聞いたりしながら投資をしているのではないでしょうか。

角谷　この背景にあるのは中高年の「焦り」だと推察できます。19年にはいわゆる「老後2000万円問題」が話題になり、多くの人が老後の備えをより強く意識することになりました。しかし、実際の中高年の焦りは2000万円という額をはるかに超えるものであるようです。

19年の金融庁の報告書が引用したメットライフ生命「老後を変える全国47都道府県大調査」では、「老後の備えとして十分な金融資産と自ら想定している金額」として中高年が想定している金額は、話題になった2000万円をはるかに超える3424万円（50代）、3553万円（60〜70代）です。さらに問題なのは、「現在の金融資産額（平均額）」との「差額」が50代で2293万円、60〜70代で1724万円もあることです。

「想定金額」の方は50代、60〜70代共に、インフレ等をより考慮すべき20〜40代よりもずっと多く、「差額」に至っては50代のそれは20代のそれよりも大きいのです。また既に老後に入っているとも考えられる60〜70代の差額が、依然として1700万円以上もあります。ここからうかがえるのは多くの中高年の強烈な焦りです。ちなみに、24年末の楽天証券の投資信託買付金額ランキング（月間）でも、分散の効いたインデックスファンドがそろった20代のランキングに比べ、50代・60代のランキングは、きついレバレッジの効いたリスクの高い商品がランクインしています。

もちろん、ハイリスクの商品が必ずしも悪いというわけではありません。低リスク商品を中心とした大きなポートフォリオの中のごく一部で、「お楽しみ枠」としてそれらの商品を保有するのは人によっては楽しみになります。しかし、なんとか資産を増やそうと焦った状況から一発逆転を狙ってそれらの商品に賭けるのは、「博打的」といって差し支えないでしょう。ハイリスク商品は当然の見返りとして価格変動が大きいので、余裕がない状態で大きな下落に直面すると、反射的に手放して大きな損失を出してしまいがちになります。

資産運用においては、基本的に中高年は若者よりもリスクを小さくすることを意識した戦略を取るべきです。いずれにしても、焦った状態で投資をしても大抵の場合、良い結果は得られません。

楠　角谷先生のおっしゃるパターンは典型的なものですね。実際に当社で23年末から始めた「ｗｉｔｈアドバイザー®」という預かり資産1000万円以上のお客さまを対象にしたアドバイザリーサービスで多い相談が、「自分の投資資産の状況は、これでよいのだろうか?」「ポートフォリオのバランスが良くないことは分かっているが、どのように組み替えればいいのか、基準ややり方が分からない」といったもの。60歳を過ぎ、相続も見据えた運用に迷われていたり、株など金融資産の整理やタイミングについての質問が寄せられています。

例えば、最近よくあるのが、米国のS&P500やオール・カントリー指数のインデックスファンドを保有し、個別銘柄ではApple、アマゾン、アルファベットなど大手ハイテク銘柄の「GAFAM」やテスラ、エヌビディア株などを選んで、分散投資しているという方です。要は分散しているつもりでも米国ハイテク銘柄への集中投資になっているのです。偏った組み合わせですから今は良くても、下げる時は一気に全部が下がってしまいます。

こういった投資のことは誰にでも相談できるものではありません。たとえ親しい友人と話をしても所詮は断片的な話にしかなりません。一人ひとりの資産背景や現在の資金状況を踏まえたプロが、適切なアドバイスやナッジを提供していくことが重要なのではないかと思います。

角谷　こうした場面でも、顧客が望めばナッジの介入を入れられるようであれば、高齢の投資

図表1 相続関連の裁判数

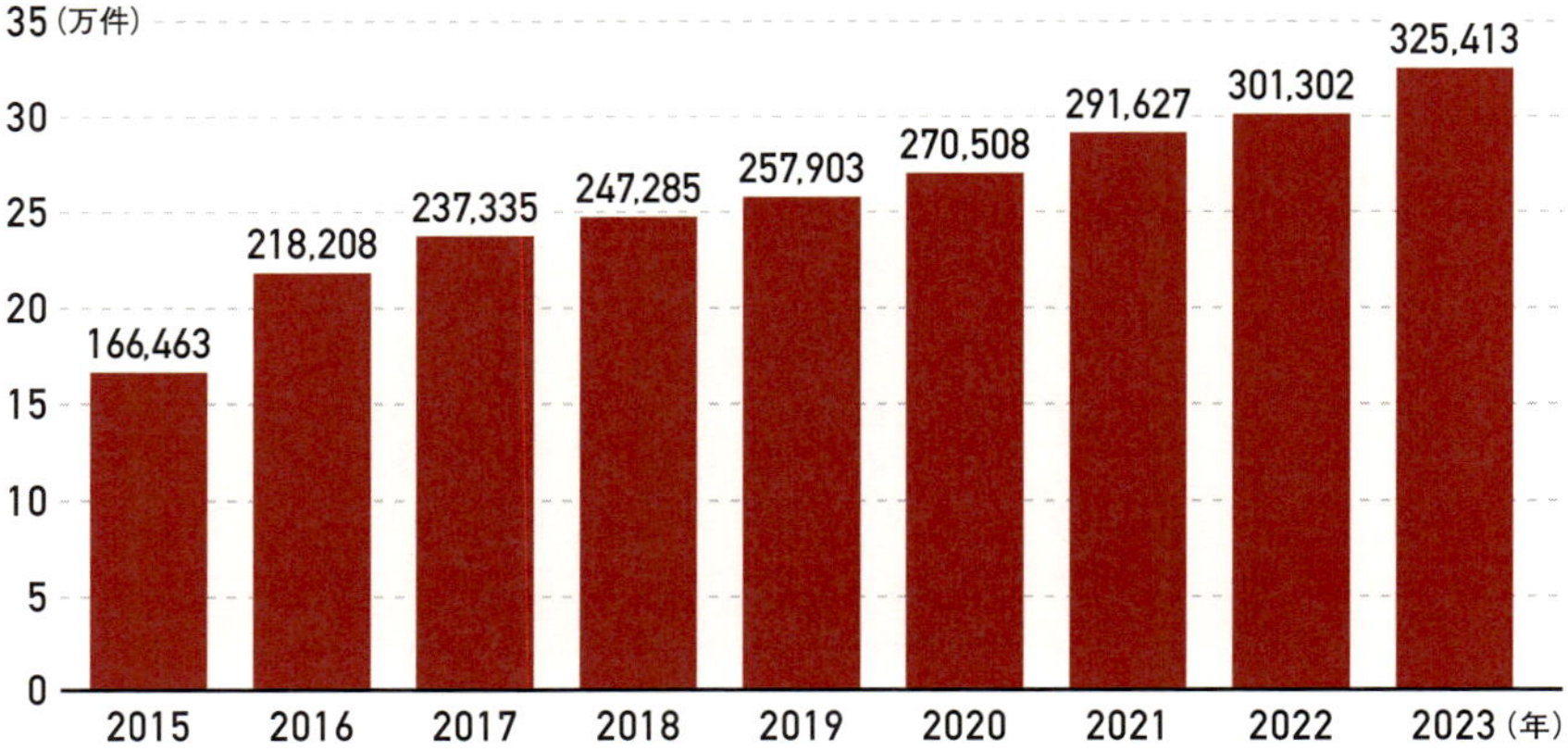

出所：司法統計年報（裁判所Webサイトを基に作成）
全家庭裁判所にて、家事審判事件の受理、既済、未済手続別事件別件数のうち、相続関連の裁判件数を合計して算出

家のみならず、その家族も安心ですね。私自身は団塊ジュニア世代後期の生まれなのですが、私の世代は両親が後期高齢者になり、だんだんと資産管理が難しくなってきているので、顧客の希望に添ってそういうサービスが受けられると家族にとってもメリット大です。

あとは「認知症」の問題ですね。平均寿命が伸びていること自体はとても良いことなのですが、残念ながら現代の医学でも高齢者の認知症リスクは明確に避けることができません。

証券会社に資産を預けたまま、本人が認知症になったり、亡くなったりした場合、残された家族はどうなるのか。投資が大衆化した現代ではこの部分の仕組みづくりも重要ですね。

私自身はもともと研究対象を「介護」からはじめた研究者なので、こうした課題を含む「ファイナンシャル・ジェロントロジー（金融老年学）」にはとても興味があります。これまでも高齢者を詐欺や認知症リスクから守る研究[1,2,3,4]を行ってきましたし、現在も「日本老年行動科学会」で評議員を務めています。今後も精力的に研究を進めていきたいと思っています。

楠　高齢社会になり、金融面での典型的な課題がまさに「相続」問題です。右のグラフのように、近年、相続関連の裁判数は増加傾向にあります【図表1】。

当社のビジネスはオンライン中心ですが、高齢化が進む現在、相続手続きの相談はやはり増加しています。対面系の証券会社と異なり、当社のお客さまは亡くなられる被相続人よりも、相続人の方が多いことが特徴です。つまり相続資産の受け皿世代が多いということです。

相続は家族全体の問題として捉える必要があります。親が認知症になる前に早めに「遺言作成」や「家族信託」を活用するよう、子世代から働きかけて準備できることが理想的ですが、「私が認知症になる前提で進めているのか！」などとなり、そう簡単ではありません。

ＩＦＡのようなアドバイザーが世代間の資産継承も担うケースも欧米諸国では多く見られます。当社でもＩＦＡを介した「生前贈与」や家族信託のサービスを提供していますが、こういう視点での資産継承を念頭に置いておくのも、相続問題解決（軽減）の糸口になるはずです。

顧客の資産を守る　2 ライフステージと突然の災害

角谷　ほとんどすべての人にとって「資産形成」が長期にわたる営みである以上、個人と証券会社の付き合いも何十年もの長期にわたる可能性は非常に高いと思います。

その間、顧客にも当然ながら様々なライフイベントが生じます。本書で述べたような、投資行動に影響し得る「せっかち度（＝時間割引率）」の変化もそれで、結婚や出産等を契機に、本人も気付かぬまま非合理な投資行動を取ってしまうことは十分にあり得ます。ナッジはそういう時にも頼りになるかもしれませんね。

楠　確かに要所要所で気付きを与えるだけでも投資行動を正し、お客さまにとって安心なサポートができる可能性がありますね。

新NISA開始以降のお客さまは、30代以下で約5割を占めます。特に20代や30代の中には将来に向けてNISAから投資を始めた方々が非常に多くいらっしゃいます【図表2】。こうした世代の方々とは今後、40年、50年という長いお付き合いになります。

私どもは、お客さま一人ひとりの人生の節目で期待されるサービスをしっかりと提供していく

図表2 楽天証券の年代別NISA利用率（2019年、2024年の比較）

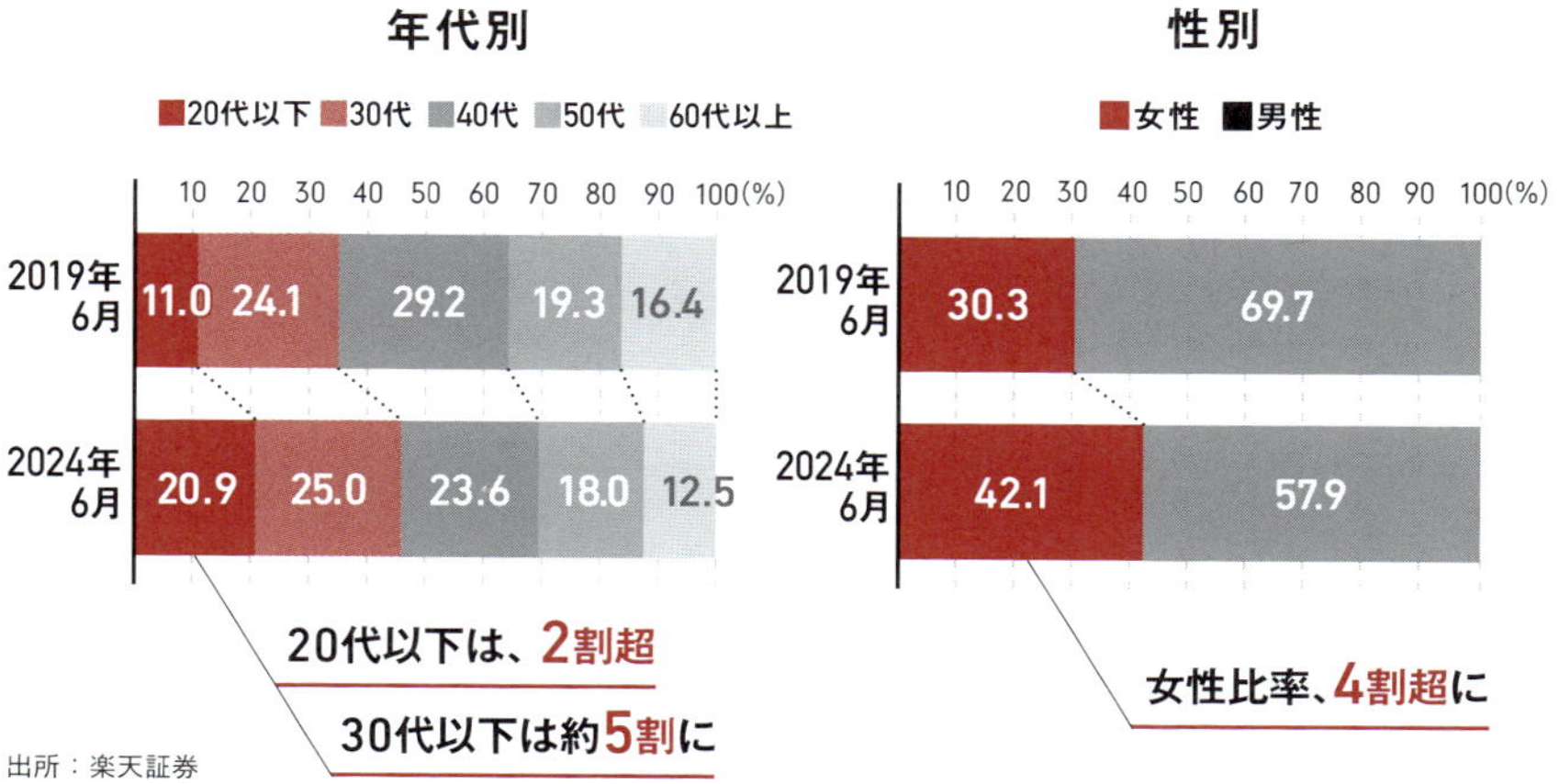

出所：楽天証券

べきだと考えています。お客さまのライフイベントに応じて適切なアドバイスやナッジが提供できると、本当にお役に立てるのではないかと思います。

また、手数料無料化など積極的にお客さまの投資コストを引き下げる努力をしつつも、長く安心してご利用いただけるよう、会社として安定した経営状態と常にご満足いただけるようなサービスレベルを維持していけるサステナブルな事業体でなければならないと肝に銘じています。

角谷 人生の大きな変化と言えば、24年は元旦に能登半島地震が生じ、またその後の豪雨もあって、被災地は大変な被害を受けてしまいましたね。

楠 その通りです。24年の能登半島地震で亡くなられた方々のご冥福をお祈りするとともに、被災されたすべての方々に心よりお見舞いを申し上げたいと思います。またその後の台風などの被害も加わり大変な状況だと思います。一刻も早い復興をお祈りいたします。

角谷　本書でも述べましたが、こうした予期せぬ災害に遭うと人は知らないうちに「リスク許容度」を変化させます。こうした状況での投資行動は必ずしも合理的ではない可能性が高いので怖いですね。こういった場合にも顧客が望めば、証券会社がナッジ介入できるとよいと思います。

前述の通り、私たち「角谷ラボ」では楽天証券ＡＩ・データ＆ヒューマンラボと一緒に、今回の能登半島を中心とした災害のデータを収集しており、将来のナッジに役立てる研究を進める予定です。

楠　地球環境問題が大きくなる中、日本においてはこのような災害が引き続き起こり得ることを踏まえて、角谷先生との研究の知見を積み重ね、お客さまが少しでも合理的な投資行動で、より良い投資成果を得られるよう改善を重ねていきたいと考えています。

ファイナンシャル・ウェルビーイング実現のためにできること

角谷 これまで様々な話をしてきましたが、今後の具体的な展開についてはいかがでしょう。

楠 当社のお客さまは1200万人を超えます。現在もまだまだ増えていますし、お客さまの投資・資産形成に対するニーズやお悩みは、どんどん多様化しています。楽天証券では、活発にトレードされるお客さまには、マーケットにおいてのアドバンテージが発揮できるようリアルタイム性と機能性をますます追求していく予定です。

また、資産運用や資産形成のサービスにおいては、お客さまごとの資産背景や資金状況のみならず、ご家族の状況やご自身の健康、趣味、仕事、将来の夢など、多岐にわたる個別事情を踏まえたサービスを追求し、一人ひとりのお客さまに適した支援ができるようレベルアップをしていきたい。結果として、お客さまが長く安心して資産形成に取り組んでいただけるようにしていきたいと考えています。

それを実現するためにはＡＩ（人工知能）など最新の技術への投資を行い、それを活用したサービス展開が重要と考えています。

角谷 ファイナンシャル・ウェルビーイング実現のために、今後どのような姿勢や考え方で取り組んでいかれますか。

楠　当社は25年前にゼロから始めた会社です。今や口座数は1200万以上で、我が国の人口の約1割を占めるに至りました。私自身は創業メンバーの一人で、最初になかなかお客さまに来ていただけなくて苦労したことを思い出しますが、とにかく創業時に当時社長の最初のメッセージであった「拙速をもって尊しとなす」の精神で、「スピード&イノベーション」を旨としてチャレンジを繰り返し、様々な商品やサービスをもって業界に先駆けることで成長を図ってきました。資産形成の世界においてもこのスピリットは変えません。

NISAやiDeCoといった非課税制度の導入により、日本でもやっと本格的な個人の資産形成が始まりました。それにより一般の人々が証券口座を開設して、これまでなら銀行預金に置いていた資金の一部を動かして、投資信託などへシフトし始めました。現在、さらに年金制度改革も議論され、iDeCo拡充の方針も示されました。

一般の人々が投資の世界に乗り出してくると、これまでは十分な資金があり、一定の知識や経験を有する人々を中心としていた投資の世界が大きく変わることになります。しかも世の中はスマートフォンやPCが普及し、オンラインで誰しも簡単に取り組めるようになっています。

投資商品やサービスはそもそも専門性が高く、理解するには一定の知識や経験が必要です。ただ、大衆化する中で求められることは、誰にとっても商品やサービス自体が分かりやすいこと、使いやすいこと、公正であること、身近であること、明示的であることなどだと思います。実はこうした点は、これまでの金融の世界では結構サボってきた部分なのです。

これからの金融業者には、これまでの知識や情報の格差がもたらす優位性に甘んずることなく、お客さまの目線に合わせた立ち位置から、商品やサービスのあり方を考え、使い勝手を良くし、どんな難しいことも誰にでも分かるよう説明していくことが求められます。

角谷　今の話ですが、そもそも「サービス業」としては当たり前のことを、当たり前にやっていくということですよね。

楠　おっしゃる通りです。ただ、これまで金融業者は自らを「サービス業」と思ってこなかったので、こうしたことをほとんど意識してきませんでした。そのため、基本を当たり前に行うだけでも結構難しいんです。高い専門性を有しながら、受益者であるあらゆるお客さまに適応したサービスを分かりやすく、公正に提供をしていくこと、これこそまさにプロフェッショナルな仕事だと思います。

お客さまが求めていることは、自分の大切な資産を守ること、少しでも資産が増えていくこと、自分の目的に適った資産形成ができること、そして将来にわたり、お金に対する不安がなく、自分自身の望む生き方ができるような余裕を持つことだと考えています。

角谷　お金の不安を感じることなく、望む生き方ができる余裕を持つ。これこそがファイナンシャル・ウェルビーイングの意味ですね。

楠　そう思います。我々の使命は、お客さま一人ひとりがお持ちの課題に対する解決策を提供していくことです。いかに敏感にお客さまのニーズを感じ取り、スピーディーに反応し、的確に対応していけるか。お客さまの求めている課題や解決策は得てして曖昧ですが、それを最大限の努力で読み取り、理解し、仮説を立ててチャレンジしていくことが大切です。

また我々は、ネット証券としてテクノロジーを基盤にビジネスを行っています。創業以来、どんどん変化していくテクノロジーを活用しながら、様々なイノベーションを起こしてきました。「スピード&イノベーション」。当社は、スピーディーな判断と行動、そしてテクノロジーを活用した新しい発想のサービス展開で、他社に先んじることを何より重視しています。それが結果的に、お客さまにより良いサービスを提供することで、より良い資産形成につながっていく。結果として会社の競争優位を確保していけることになる、と考えています。

角谷　オンライン証券として、先ほどおっしゃられた「かかりつけ医」のような役割、そしてその活動の柱となる「コーチング」の提供にはどのように取り組まれますか。

楠 米国においては、一定以上の資産を有する家庭には金融機関所属、あるいは独立したファイナンシャル・アドバイザーが付いています。これが言わば、資産の「かかりつけ医」です。その役割は、お客さまの身近にいて、専門的な金融知識や経験を活用し、お客さまの資産運用に対してプロフェッショナルなアドバイスを行っていく。対象は本人のみならず家族全体。時として、資産運用をしている中でマーケットの急激な変動、離婚、病気、事故、家族の不幸、法的トラブルといった予期せぬ事態に遭遇することもありますが、そんな時にお客さまが気持ちを落ち着けて、冷静な行動ができるようコーチの役割も果たすのです。

ＮＩＳＡやｉＤｅＣｏがどんどん普及することで、日本でも資産形成の裾野が広がっています。時間と共に一人当たりの資産も拡大してきて、お客さまには資産に対する様々な悩みが生まれてきます。当社のビジネスの基盤はオンラインをベースにしたサービスですが、我々自身がこれまでのオンライン一本槍では、お客さまのニーズに対応しきれなくなるのは明らかです。これからの本格的な資産形成の時代において、我々自身のあり方も変化すべき時期に来ていると思います。

資産形成はお客さまの人生における最も重要な活動の一つです。また、資産が大きくなればなるほど、個々人の資産に関する事情は個別性が強まり、複雑化してきます。そうなると資産の「かかりつけ医」の役割は極めて重要になります。そういった認識のもとで当社では、一部の富裕層のお客さま向け限定ですが、08年からIFAサービスを提供してきました。

今後は、オンラインをベースとしたサービス基盤の上で、個別性が高く複雑なお客さまの資産形成サポートをどう提供していくかが重要になりますが、急速に発展するテクノロジーがそれをどんどん可能にしてきています。

角谷　つまりIFAというリアルな相談者を強化していく一方で、将来は画面上の「バーチャルなかかりつけ医」も登場させていきたいということですね。

楠　はい。アドバイスサービスでは、プロのアドバイザーがお客さまと話をしながら、取引データや会話からご提供いただいた情報を基にして、いろいろシミュレーションしながら、最適と思われる提案を行っていきます。

こうした提案プロセスのかなりの部分は、生成AIを活用することで自動化が可能になりつつあります。しかも近い将来、そのインターフェースがAIアバター（仮想的なキャラクター）になっていくイメージです。これがまさに「AIファイナンシャル・アドバイザー」です。

AIをフル活用して、お客さまの課題を理解し、提案を考え、作成する「脳」の部分はもちろんのこと、お客さまとのやり取りもアバターが行う。相談事例を重ねれば重ねるほど学習効果が上がり、人間のアドバイザーに劣らない存在になる可能性があります。

もちろんＡＩはすべてを知っているわけではありませんので、過去の事例でまだ経験がなく、学習できていない部分は人間のプロアドバイザーが背後に控えていて、チャットや電話、Ｚｏｏｍを活用して補完するわけです。

ここまで行くと相談サービスは本当に便利になります。オンラインでしかもＡＩアバターなので、証券会社の営業時間など関係なく、いつでも、どこからでも、必要な時に必要なサービスが受けられるようになります。しかも人間のアドバイザーのような個人の資質の違いによるサービス品質の違いは最小化され、会社として一貫した品質でのアドバイスサービスが可能になるのではないかと考えています。また本書で書かれているような日本人の特性を踏まえた行動ファイナンスの知見がどんどん反映されて、自動的に「最高のコーチが常に伴走してくれる」ようになるのではないでしょうか。

NISAやiDeCoの利用者が日本の未来を変えていく

角谷　今のお話には投資の未来を感じました。大いに期待したいと思います。最後に、24年から恒久化され、利便性も大きく改善したＮＩＳＡ制度についてはどのようにお考えでしょうか。

楠 現在、ＮＩＳＡ口座数は日本全体で約２５００万まで増えてきました。これは一人が一つ保有する口座なので、今や人口の約20％が保有していることになります。ＮＩＳＡの生涯非課税枠は１８００万円にもなり、個人にとって非常にメリットが大きく、強力な投資スキームです。私は少なくとも人口の半数を優に超える口座数になると考えています。

米国では確定拠出年金制度が１９７０年代に創設され、80年代から「４０１ｋ」として本格的に普及してきました。その後、ＩＲＡ（個人退職勘定）口座など非課税の退職金口座制度へと広がり、非課税枠での個人の長期資産形成が一気に進んできました。

角谷 米国では、それにより国民の意識やマーケットにどんな変化が起こってきたのでしょうか。

楠 あくまで私見ではありますが、結果として非常に多くの国民が、投資して自分の資産を保有することになる。つまり一人ひとりがマーケットに連動した資産を持つことになります。誰しも自分の大切な資産は減らしたくないし、将来の生活のために守りたいと考えます。そうなると、マーケットに影響するような政治や経済の問題に対して、おのずと関心や意識が芽生えてきます。するると、政府や企業の動き方も大きく変わってくる。国民の投票行動や株主に対する企業の株主還元方針にも影響を与えてきました。株価が下がって国民の資産が毀損すると政権のダメージにつながるため、マーケットを一層重視した政策を常に意識して推進することになります。企業もそれぞれ株価が上がるよう、最大限の努力をするようになる。この見方には賛否あると思いますが、その結果が現在の米国の繁栄につながっていると考えることはできないでしょうか。

そして今後の日本においても、同様の動きが考えられるのではないでしょうか。ＮＩＳＡの普及、そして、拡充が進められているｉＤｅＣｏにより、非常に多くの国民が、投資によって自分の資産をつくっていくことになります。これが今後の政府や企業におけるマーケット重視の政策の推進につながってくるのではないかと思います。

マジョリティーを占めるようになるＮＩＳＡやｉＤｅＣｏの保有者が、日本のあり方を変える大きな力になる。バブル崩壊後、かつての成功体験に縛られて何十年も変われずにきた日本。これからは違う。投資をする皆さん一人ひとりが、これからの日本を大きく変えていく原動力になると私は考えています。

楽天証券AIラボと広島大学角谷ラボは2022年から共同研究を続ける。2024年12月には合宿もし、ファイナンシャル・ウェルビーイングを高める金融サービスについて議論を深めた。合宿には楠社長も参加し、研究者らとも活発に意見交換をした。（写真提供＝広大角谷ラボ）

歓迎
周年　楽天証券
AI＆ヒューマンラボ
部長
チーム正田御一行様
広島大学 角谷研究室
歓迎
祝25周年　楽天証券
母校へようこそ！
楠雄治社長
松浦和哉様
広島大学 角谷研究室

本文中の注

1 Khan, M.S.R., & Kadoya, Y. (2023). Who became victims of financial frauds during the COVID-19 pandemic in Japan? Sustainability 15 (4), 2865

2 Kadoya, Y., Khan, M.S.R., Narumoto, J., & Watanabe, S. (2021). Who is next? A study on victims of financial fraud in Japan, Frontiers in Psychology 12 https://doi.org/10.3389/fpsyg.2021.649565

3 Kadoya, Y., Khan, M.S.R., & Yamane, T. (2020). The Rising Phenomenon of Financial Scams: Evidence from Japan, Journal of Financial Crime 27 (2), 387-396

4 Kadoya, Y., Khan, M.S.R., Oba, H., & Narumoto, J. (2020). Factors affecting knowledge about the adult guardianship and civil trust systems: Evidence from Japan, Journal of Women and Aging 33 (5) https://doi.org/10.1080/08952841.2020.1727711

おわりに

私が、「行動経済学」やその一部である「行動ファイナンス」という言葉と出合ったのは、当時留学していたシカゴ大学ビジネススクールに、後にノーベル経済学賞を受賞されたリチャード・セイラー教授が赴任してきた1995年のことでした。2年目になるところで配布されたシラバス（授業計画）をめくっている中で気付いた程度のことでした。どちらかというとアントレプレナーシップ（起業家精神）やマーケティングに傾倒していた私は、新しい分野である心理学を活用した経済学にはほとんど興味を引かれませんでした。

その後、2002年に行動経済学分野の事実上の創始者であるプリンストン大学のダニエル・カーネマン教授がノーベル経済学賞を受賞。俄然、この分野が注目を集めることになりましたが、それでもあまり行動経済学と当社ビジネスの関係性を意識することはありませんでした。

私自身は、1999年に楽天証券の前身の会社であるＤＬＪディレクトＳＦＧ証券に入社し、マーケティング責任者として立ち上げから参加しました。当初はネットチャネルのみでビジネスをスタートしたものの、今後のお客さま層の拡大を見込み、2008年10月に新しいビジネスチャネルとして、金融商品仲介業制度を活用したＩＦＡ（Independent Financial Advisor）ビジネスを立ち上げます。それは保険業界の代理店ビジネスのようなもので、ネット証券のＩＴプラットフォームの上で独立したアドバイザーと契約し、活動してもらうスタイルのビジネスモデルです。既に米国ではリテール最大手のチャールズ・シュワブなど、オンライン系証券会社を中心に普及しているモデルでした。

従来型の対面証券会社は、会社の用意した投資商品を軸に営業員がお客さまに提案して販売するという、供給者側の立場に立ったプロダクトプッシュ型のビジネスを展開しています。お客さまがもうかろうとどうなろうと関係なく、一時的な販売による手数料収益を目指すものでした。

一方のＩＦＡビジネスは、証券会社はプラットフォームとしてシステムや商品ラインナップ、コンプライアンスサービスを提供することに徹し、提案、販売行為は契約した独立アドバイザーに任せるというもの。アドバイザーは複数の証券会社との契約も可能で、証券会社の利害からは離れて、用意された商品にこだわることなく、お客さまの課題に向き合いながら、資産の成長や管理に徹することが基本になります。また独立しているがゆえ、最も大切なことは、お客さまとの信頼関係に基づく長期的な資産の成長、そして結果としての自らの収入の確保です。そうした意味では、より利益相反のないビジネスモデルが可能となります。

このビジネスモデルで最も歴史があるのは米国で、1940年の「Investment Adviser Act」（1940年投資顧問法）の施行後に徐々に出来上がってきたものです。我々は、文化や制度は違いこそすれ学ぶところの多い米国のアドバイザリービジネスを知るために、毎年のように米国の視察に出掛けて行きます。その中で、アドバイザーが専門的な投資商品やサービス知識を持ちつつ、お客さま個人とその家族の人生にしっかりと根を張り、様々な人生の局面においてサポートをしているのを目の当たりにしてきました。

そして行動経済学とその一部を構成する行動ファイナンスの理論的な基盤が、アドバイザーにとってのお客さまへのサポート活動の基本原則となっていることも、折々に見てきました。

そこでふと我々のビジネスを振り返ると、そもそもアドバイザリービジネスの萌芽期である我が国において、特にそうした基本原則は見当たりません。もっと言うと、米国に存在するのは米国人の行動データに基づく知見であり、日本人の行動データに基づいた研究成果ではないのです。

私自身は、個人のファイナンシャル・ウェルビーイングを実現するため、お金について、自分や家族の悩みをなくし、より良い生き方の選択ができるような基本原則、より良い投資成果を上げていくための基本原則は必ず持つべきだと思っていました。その考えを会社として広げていくために、何とかしなければという思いが募っていました。一人ひとりのお客さまにとって、資産形成や資産運用は人生における非常に重要かつ長い活動であり、対象とする投資商品は普通の人々にとっては理解が難しく、マーケット環境の影響は予測不可能で、大変困難な活動だからです。

そこで長い間、我が国で協力してくれる学識経験者を探していたところ、ふとしたきっかけでこの本の共著者である広島大学の角谷教授に出会いました。まさに灯台下暗し。何と私の出身大学にいらっしゃったのです。

角谷教授は医療経済学や金融リテラシーの研究をされ、多くの研究論文を世界に発信されている新進気鋭の研究者です。私どもからは、行動ファイナンスの実証的な研究成果から日本人の投資行動における癖、誤った行動パターン、陥りがちな罠《わな》を明らかにして、実際のビジネスにおいて、より良いアドバイスサービス、ガイダンス、ナッジにつなげていきたいと申し上げたところ、大いに賛同をいただき、共同でプロジェクトを立ち上げて進めることとなりました。

本書でご紹介したものはまだ研究成果の一部にしか過ぎませんが、私としては、これがどんどん積み重なり、アップデートされ、より良いお客さまの投資成果につながることを祈ってやみません。

プロジェクト推進に当たっては、角谷教授を中心に研究室の若くて優秀な国際色豊かなスタッフが、データ分析を進め、発見事項を論文にまとめながら、次々と英語でグローバルに発表をされています。また、データ分析や論文作成に不慣れな当社の若手社員にも指導をいただいています。本当に感謝の念に堪えません。

またこの研究には、たくさんのお客さまからアンケートへの協力や、匿名でのデータ開示へのご賛同もいただいています。本当にありがとうございます。この場を借りて改めて御礼を申し上げたいと思います。

そして、角谷教授との最初のきっかけをつくってくれた大嶋副社長、ＡＩ・データ＆ヒューマンラボの正田所長と、その配下でプロジェクトに携わるスタッフ、そして本書の制作に当たり進行を仕切ってくれた当社のオウンドメディア「トウシル」の武田編集長とそのスタッフに大いに感謝をしています。

最後に、日経ＢＰの日経マネー編集部の大口編集委員、日経ビジネス編集部の村上シニアエディターをはじめとするスタッフの皆さんが我々の考えを引き出し、まとめてくれて本書の完成に至りました。強力なサポートに感謝申し上げます。

令和6年12月
美しく色づいた神宮外苑の銀杏並木が見える青山のオフィスより

楽天証券代表取締役 社長
楠 雄治

楽天証券社長

楠 雄治《くすのき・ゆうじ》

楽天証券代表取締役社長。広島大学文学部卒業後、1986年、日本ディジタルイクイップメント（現日本ヒューレットパッカード）に入社。システムエンジニアとして銀行や保険会社のディーリングルーム構築に携わった。同社を退社し、96年に米国シカゴ大学でMBAを取得し、帰国後、経営コンサルティング会社A.T.カーニーに勤務。

99年に米ネット証券大手DLJディレクトと住友銀行（現三井住友銀行）が共同で出資して設立したDLJディレクトSFG証券に創業時メンバーとして入社。2003年に楽天グループ（当時は楽天）がDLJディレクト証券を買収したのち、05年楽天グループ執行役員。04年に楽天証券に社名変更、06年10月に社長に就任。14年楽天グループ常務執行役員。22年からは証券株会社設立とともに楽天証券ホールディングス社長も兼任。

楽天グループの強みを活かしたユニークなサービスを軸にNISAをきっかけに幅広い層の口座数を増やすと同時に、顧客である個人投資家へのアドバイス事業にも注力。デジタル資産づくりのプラットフォームを目指す。

広島大学大学院教授

角谷快彦　かどや・よしひこ

広島大学大学院経済学プログラム（経済学部）教授、同大Distinguished Professor。日本学術会議連携会員（経済学）。PhD（豪州・シドニー大学）。シドニー大学ビジネススクール研究員、大阪大学社会経済研究所特任助教、名古屋大学大学院経済学研究科講師・特任准教授等を経て現職。専門は行動ファイナンス。投資行動における投資家の判断・行動パターンを研究。国際学術誌に論文多数。エルゼビア社の世界最大規模の研究力分析ツール「サイバル」で「金融リテラシー、ウェルビーイング、ファイナンス」の研究分野における日本最上位、世界でも上位にランクされる。著書に「Human Services and Long-Term Care: A Market Model」（Routledge）、「介護市場の経済学」（名古屋大学出版会）。訳書に「博士号のとり方第6版」（名古屋大学出版会）等。2022年より楽天証券の要請を受け、合理的な資本形成につながる思考や行動について、同社と共同で調査・研究する。

楽天証券社長と行動ファイナンスの教授が「間違いない資産づくり」を真剣に考えた

2025年2月13日　第1版第1発行

著　者	楠 雄治　角谷快彦
発行者	松井 健
発　行	株式会社日経BP
発　売	株式会社日経BPマーケティング 〒105-8308　東京都港区虎ノ門4-3-12
執筆協力	森田聡子　萬 真知子
取材協力	えまさん　ペリカンさん　沖縄移住 アラサー夫婦さん
編　集	大口克人　村上富美
校　正	聚珍社
イラスト	白根ゆたんぽ（表紙、総扉、著者紹介、各章扉）
装丁・レイアウト	中澤愛子
印刷・製本	TOPPANクロレ株式会社

本書籍に関するお問い合わせ、ご連絡は下記にて承ります。
https://nkbp.jp/booksQA

ISBN 978-4-296-20686-5